Antonio Mira de Amescua

La confusión
de Hungría

Edición de Vern Williamsen

Barcelona **2024**
Linkgua-ediciones.com

Créditos

Título original: La confusión de Hungría.

© 2024, Red ediciones S.L.

e-mail: info@linkgua.com

Diseño de cubierta: Michel Mallard.

ISBN tapa dura: 978-84-9953-530-2.
ISBN rústica: 978-84-96428-48-5.
ISBN ebook: 978-84-9897-570-3.

Sumario

Brevísima presentación

La vida

Antonio Mira de Amescua (Guadix, Granada, c. 1574-1644). España.

De familia noble, estudió teología en Guadix y Granada, mezclando su sacerdocio con su dedicación a la literatura. Estuvo en Nápoles al servicio del conde de Lemos y luego vivió en Madrid, donde participó en justas poéticas y fiestas cortesanas.

Personajes

Trebacio, rey de Tracia
Rey de Hungría
Bertilo, conde
Ricardo, su criado
Floriseo, duque, hermano de Leonora
Lisarte, marqués
Ausonio, príncipe
Licio, criado de Ausonio
Fenisa, infanta, hermana del Rey de Hungría
Leonora, dama, prima del, hermana del duque Floriseo
Un mercader
Un paje
Un viejo
Tres mozos de caballos

Jornada primera

(Salen el Conde Bertilo, Ricardo su criado, y Ausonio, Príncipe, con un retrato en las manos.)

Bertilo   No es bien que del gozo huyas
por un retrato que apenas
puede remediar las tuyas
ni las facciones ajenas
has de sacar por las suyas;
   que retratada una dama
ni la aborrece ni la ama
el sabio, libre de amor;
mas lo atribuye al pintor
que quiso extender su fama,
   porque siempre la pintura
le da más vivas colores
que tiene en sí la figura,
porque quieren los pintores
mostrar allí la hermosura,
   y es de damas común trato;
porque si beldad y ornato
al suyo no sobre puja
[el] pintor que las dibuja,
nunca advierte en el retrato,
   desmintiendo imperfecciones
por no descubrir las suyas,
a lo cual dan mil razones
semejantes a las tuyas
cuando alabas tus pasiones.
   Y así puedes entender
que esa diosa, esa mujer
que a tu parecer es diosa,
es mujer no tan hermosa

como es a tu parecer.

Ausonio

No con tus razones muevo
mi pecho, noble y bizarro,
pues a decirte me atrevo
que aunque su dorado carro
baje a los infiernos Febo

  haciendo que a todo el orbe
su luz necesaria estorbe,
convirtiéndola en tinieblas,
y aunque el aire con las nieblas
que el cuarto elemento sobre,

  la luz sola, de esta dama
que arde en mi pecho de cera
levantará tan gran llama
que olvide la luz primera
su resplandor y su fama.

  Y si no, permite Apolo
poner de esta estrella solo
su retrato allá en el cielo,
que ella dirá luz al suelo
y él la dará al alto [polo].

  Mas, porque no se te antoje
que cual Ícaro voy alto
a hacer que el cielo se enoje,
no quiero dar tan gran salto
porque no caiga y me arroje.

  Pero, dime, ¿no es muy llano
que no puede el ser humano
trasladar mayor belleza
que da la Naturaleza
con su rica y franca mano?

  Si es efecto la hermosura
que Naturaleza causa,

sin ser escasa ni dura,
¿cómo, di, si en esta causa
tendrá efecto la pintura?
   Luego, el retrato es igual
a su mismo original,
y esa beldad que en sí tiene
del propio dueño, le viene
como cosa accidental.
   Mas, cuando en esta divisa
su hermosura no volara
por el mundo todo aprisa,
solamente lo adornara
por ser su nombre Fenisa.
   Que con el Fénix de Arabia
por ser en Arabia solo
y lo consagran a Apolo
la deidad más justa y sabia.
   Y así la Fenisa mía
no reconoce segundo
en todo el reino de Hungría.

Bertilo	Poco has dicho. En todo el mundo
	no se vio su gallardía.
	¡Por mi fe, qué firme estás!
Ausonio	Tan en su punto lo estoy
	que si quiero estarlo más,
	dos pasos pasados doy
	como quien vuelve hacia atrás.
Bertilo	Supuesto que tú la quieras
	y que es justo que así mueras,
	¿qué remedio has de tener?

Ausonio	Pedirla al rey por mujer.
Bertilo	¡Por Dios! ¿Que quieres de veras?
Ausonio	Y tan de veras que luego quiero que a Hungría te partas a dar a mi mal sosiego, y al rey, su hermano, mis cartas en que lo dicho le ruego. Solo pretendo que en esto estés, Bertilo, dispuesto que será grande servicio.
Bertilo	A tu alteza estoy propicio.
Ausonio	Pues, a escribir voy.
Bertilo	Ve presto.

(Vase Ausonio y quédanse Bertilo y Ricardo.)

   El resto de su tormento
ha echado Amor de un envite,
pues siendo yo el instrumento
quiere que Ausonio me quite
el bien de mi pensamiento.
   La propia Fenisa adoro.
¡Mira cuán en balde lloro!
Pues vengo a ser de ella dueño
como quien es en un sueño
señor de ajeno tesoro.
   Entendí partirme a Hungría
para remediar mi pena,
y he de partir este día

para remediar la ajena
y acrecentar más la mía.
   No sé cómo agora vivo,
pues por un amor altivo
la escondí en pecho fiel
y habrá de quedarse en él
como aquél que entierran vivo.

Ricardo   Pues, si tu pecho la amaba,
¿cómo aquí la despreciaba?

Bertilo   Y aun nació de ese desprecio
tenerla Ausonio en más precio
que hasta aquí su pecho estaba.
   Trae Amor su gracia bella
es cual moneda oportuna
a ver quién da más por ella
diciendo, ¿hay persona alguna
que quiera casar con ella?
   Que se llegó al lance rico,
todo el mundo certifico
pues por él anda el retrato;
mas yo por comprar barato
le pase precio aunque chico.
   Mas viendo que es celestial
y al traslado sobrepuja
el divino original,
crecido ha tanto la puja
que quedó atrás mi caudal.

Ricardo   Que estás perdido aseguro
porque si no estás seguro
que el caudal al precio alcanza,
será tu verde esperanza

vestido de verde oscuro.

Bertilo
    Antes será verde y clara,
aunque mi caudal no alcance.

Ricardo
¿Será que por ser tan cara
querrás buscar otro lance?

Bertilo
Ojalá otro tal hallara;
    pero, pues que yo no hallo
en mi estado otro vasallo
sabio como tú y discreto,
decirte quiero un secreto
con que me jures guardallo.

Ricardo
Ya, Bertilo, de mí sabes
que la fe que tú mereces
guardaré en casos más graves;
pues por el aire los peces
y por el agua las aves
    primero andarán que yo
pueda decirte de no
en cosas de más momento
que es callar un pensamiento
que Amor a tu pecho dio.

Bertilo
    Como mi mal causa Amor,
y su mal es sin remedio,
es perpetuo su dolor
si no recibo por medio
ser al príncipe traidor.
    Si mi mal he de curar
el suyo se ha de aumentar;
si se cura el suyo, el mío

será tal que desconfío
de poderle remediar.
   ¡Por mi fe, que es caso extraño!
¿Qué medio será más justo?
Venir a hacer un engaño
quitando a Ausonio su gusto,
ya remediaré mi daño.
   O, serle siervo leal
en padecer yo mi mal
porque no padezca el suyo.

Ricardo   Remedia, señor, el tuyo
que es causa más principal;
   porque en proseguir tu amor,
no eres traidor pues no quitas
haciendas, vidas ni honor.
Y si a traidores imitas,
no te llamarán traidor;
   que cada cual su fatiga
la remedia y la mitiga.
Y, pues el cielo lo quiere
a aquél que Dios se la diere,
San Pedro se la bendiga.
   Mas mira que a lo que intentas
has de advertir a los fines,
porque no es bien que consientas
que agora lo determines
y que después te arrepientas.

Bertilo   No más, Ricardo, no más.
¡Qué buen consejo me das!
En mi remedio has estado;
pero atrás bien he mirado
y pienso no verme atrás.

Que en este amoroso intento
seguro está el pensamiento
porque va por buen camino,
pues ni mal me determino
ni de mi mal me arrepiento.

No tiene más que pedirme.
La voluntad es victoria
y Amor quedará más firme,
pues si alcanzo tanta gloria
¿cómo puedo arrepentirme?

Ya sabes, quiere me parta
cuando él una carta escriba,
y en esto su mal no aparta
que todo mi engaño estriba
en la firma de su carta.

Con ella [yo] pienso hacer
que venga a ser mi mujer
la que él por suya señala,
pues muchas veces se iguala
la industria con el poder.

Cuando partamos de aquí
a donde Ausonio me envía,
te daré la carta a ti
y con ella irás a Hungría
para darla al rey por mí.

Yo de Tracia me saldré
y entretanto me estaré
con mi padre Decio, el conde,
hasta ver si él responde
conforme mi intento y fe.

Y en dándote la repuesta
agradable y no molesta
porque conoce la firma,
que será, Ricardo, aquésta

en que mi bien se confirma,
   te partirás a buscarme
por la posta para darme
cuenta de ello y testimonio
porque yo, en llegando Ausonio,
vaya allá para casarme;
   que ni él le [conocerá]
ni a mí tampoco me ha visto.

Ricardo   No más, señor. Bueno está;
que en tu pretensión asisto
y el príncipe sale acá.

(Salen Ausonio con una carta y Licio su criado.)

Ausonio   Por señal y por ejemplo
del milagro que contemplo,
en esta carta encerrado
mi corazón bien guardado
colgaré, Amor, en tu templo.
   Porque el poder soberano
que muestras hoy sin igual
diga a voces que tu mano
al más enfermo de [tal]
ha vuelto más presto sano.
   Toma estas cartas y parte
para que pongas aparte
el mal que de Amor sostengo.
¡Por mi fe que envidia tengo
y quisiera acompañarte!

Bertilo   No me ha admirado que [veas]
tú envidia en esta victoria
pues primero es justo creas

que he de gozar yo la gloria
que tanto, señor, deseas.
    Quiero decir que he de ver
la que ha de ser tu mujer
y tener mi alma por suya;
que como esta gloria es tuya
por mía la he de tener.

Ausonio

Satisfecho quedo así;
que tienes de negociar
como si fuera por ti.

Bertilo

Bien puedes imaginar
que voy a casarme a mí.
    Queda, Ausonio, descuidado,
porque yo voy encargado
de remediar esta pena,
no como si fuera ajena
mas de mi propio cuidado.
    Mas mira tú cuánto peno
porque alcances esta palma;
que a ser el cuidado ajeno,
nunca gozará mi alma
de un casamiento que ordeno.

Ausonio

De muy remiso me arguyo
si el ofrecer no concluyo,
con que en ti solo confío
y si negocias el mío,
negociar prometo el tuyo.

Bertilo

    No quiero, señor, dejar
la ocasión que se me ofrece
sin la coger y gozar,

pues cuando el mío comience
el tuyo se ha de acabar.
　　No hayas miedo que condene
el amor que tu alma tiene
mi poco cuidado. Adiós.

Ausonio　　　¿Tenéis de partir los dos?

Ricardo　　　Sí, señor, si así conviene.

(Vanse Bertilo y Ricardo.)

Licio　　　¡Oh, cuánto debe un señor
a un siervo noble y fiel!
En Bertilo hay gran valor
pues que sales hoy, por él,
de un gran cuidado de amor.
　　Por él, no hay bien que no sientas
ni mal que venir consientas;
pues del mar de esos tus ojos,
sin dar el agua despojos,
te libró de su tormento.

Ausonio　　　Un no sé qué alegre siento;
que a mi pensamiento gasta
temor de mal pensamiento
y en otras partes contrasta
un temor a este contento;
　　más pienso debe de ser
este dudar y temer
que la que juzgo mi esposa.
Aunque en su beldad es diosa,
no deja de ser mujer.
　　Mas el cielo enriquecido,

ponga sillas diferentes;
que a todas haré partido
mas todas son inclementes
   porque en este tiempo injusto,
de dolor y de disgusto,
la más alta, la más baja,
en siendo mujer, trabaja
por solo seguir su gusto.
   A él se llegan de tal suerte,
que es sola su pretensión
la del gusto. ¡Oh, caso fuerte!
Que huyen de la razón
como si fuera la muerte.

[Al retrato.]

   Pero tú, que en mi alma estás,
y vida a mi cuerpo das
en ese angélico rostro,
claro está que el cielo en todo
te prefirió a las demás,
   porque no fuera razón
que obra tan peregrina
como fue tu creación
dióte la beldad divina,
humana la condición.

Licio   Sufre, señor, tu dolor
que entretanto que haya amor,
hacer no puede mudanza,
y mientras hay esperanza
por fuerza he de haber amor.

(Vanse y salen el rey de Hungría y Fenisa, infanta, y siéntanse.)

Fenisa	Si en solo tu pecho cabe,
	no será el amor perfeto.
Rey	Ya de mí lo entiende y sabe
	y por ser grave el sujeto
	es mi tormento más grave.
Fenisa	¡Tanto, Leonora se precia
	que a un rey como tú desprecia!
Rey	No se precia de interés
	ni de servicios, porque es
	otra segunda Lucrecia.
	Segunda por ser postrera,
	que en ser crüel para el hombre,
	¡por mi fe!, que es la primera.
Fenisa	Quien de fiera tiene el nombre
	las obras tendrá de fiera.
Rey	Y tanto en serlo descansa
	que la mayor fiera es mansa
	conforme su gran vigor,
	pues por miedo o por amor
	cualquiera fiera se amansa;
	mas esta fiera, esta dama,
	cuyo pecho, cuya fama,
	libertó Amor de su ley,
	ni me teme por ser rey
	ni por ser primo me ama.
	Y así, Fenisa, quisiera,
	pues que tanto a ti te estima,
	le supliques que me quiera.

Fenisa	Para tan subida prima haré muy mala tercera.
Rey	Mas antes tengo entendido me dará el favor crecido si le dices mi afición; que a mi primera ocasión por ganar tal tercio, pido. Y supuesto aquesto así, hoy, Fenisa, le has de hablar para que ella me hable a mí.
Fenisa (Aparte.)	(Más vale no porfiar. Burlando...) Digo que sí.
Rey	A buen tiempo el sí me das. Ya viene. Háblala [y atrás] a aquesta parte me allego, porque su Sol y mi fuego me abrasarán juntos más.

(Apártase a un lado el rey y salen Floriseo y Leonora desde dentro hablando.)

Floriseo	Dile que en este cuidado tengo el blanco pecho tinto de lágrimas que he llorado.
Leonora	Para tan gran laberinto muy corto hilo has cortado.

(Quédase Floriseo a otro lado sin ver al rey.)

¡Oh, mi Fenisa!

Fenisa	¡Oh, Leonora! ¿De dónde vienes agora?
Leonora	De mi acostumbrado fin, contemplando en tu jardín he gastado casi una hora.
Fenisa (Aparte.)	(Por aquí he de cumplir el sí que al rey tengo dado. Ahora tengo de fingir que le digo su cuidado mas no lo pienso decir.)
Rey (Aparte.)	(Esta vez, a lo que entiendo, le dirá que estoy muriendo por su gracia, hermosa y bella.)
Floriseo (Aparte.)	(Que estoy muriendo por ella, sin duda le está diciendo.)
Fenisa	¿Que tanto el jardín te agrada que a contemplarlo te vas?
Leonora	Todo lo demás me enfada, y, por mi fe, que él no más me tiene la vida dada. En él mi contento está porque siempre me lo da, cualquiera vez que le veo.
Rey (Aparte.)	(Por mí lo dice el deseo. ¡Glorioso fin tiene ya!)

(Vase.)

Leonora	¿No le tienes tú afición? ¿Cómo en él no te entretienes para olvidar tu pasión?
Fenisa	No será bien me condenes de afligida condición. De él estoy enamorada. Sí, que este nombre merece aquél que tanto me agrada, y con su vista fenece lo que me aflige y enfada.
Floriseo (Aparte.)	(¡Oh, divina y alta voz!) ¡Por mí lo dice, por Dios! Quiérome llegar allá; pero no, mejor será que queden solas las dos.

(Vase.)

Leonora	Mi hermano se va burlado por solo hacerme tercera de su tormento y cuidado.
Fenisa	Esta vez, aunque no quiera, él mismo se ha engañado.

(Sale un mercader de piedras y trae un retrato.)

Mercader	¿Mándame llamar su alteza?
Fenisa	Quiero tu riqueza ver.

Mercader	Mejor dijera pobreza.
Leonora	Ser de piedras mercader no adquiere sino riqueza.
Fenisa	Bueno es el rubí, ¡por Dios!
Mercader	Y aun por extremo las dos.
Leonora	Esta esmeralda es muy fina.
Fenisa	Hermosa es la cornerina.
Mercader	Más, señora, lo sois vos.
Fenisa	Bueno está el requiebro, a fe.
Leonora	La verdad al menos habla.
Fenisa	Esta verdad negaré. ¿Qué viene en aquesta tabla?
Mercader	Yo, señora, lo diré. Aquí traigo retratado, que también en esto he dado, el gran príncipe de Tracia, cuyo valor, rostro y gracia igual jamás han hallado. Es en todo tan perfeto, que mirado, envida causa.
Fenisa (Aparte.)	(Un dolor tengo secreto, pero siendo tal la causa,

no ha sido mucho el efeto.)
  Quiero comprarte un diamante.
¿No compras tú piedra alguna?

Leonora

Un jacinto.

Fenisa

    A ser constante
se inclina más tu fortuna.

Leonora

Y la tuya, a ser amante.
  Nunca por esa afición
se ve la del corazón.
Antes, quien padece amores
entre piedras y colores
busca la de su prisión.

Fenisa

    En esto engañada estás.

Mercader

¡Ea! Pues su alteza elija
la que le agradare más
para poner en sortija.

Fenisa

Ésta, ¿en cuánto la darás?

Mercader

  El precio no me da pena,
ya ve tu alteza que es buena.
Lo que quisiere me dé.

Fenisa

En pago de tanta fe,
recibe aquesta cadena.

Mercader

  Para tan grandes mercedes,
pequeña piedra to ofrezco;
mas las demás tomar puedes.

Fenisa	Ésas y más te agradezco, si esta tabla me concedes; que de hombre a todos tan grato quiero tener un retrato.
Mercader	Que gano en dártelo entiendo, pues que tan caro lo vendo comprándolo tan barato.
Leonora	Vente luego tras de mí; te daré lo que éste vale.
Mercader	En hora buena sea así.

(Vase el mercader con Leonora.)

Fenisa	¡Ah, quién de la vida sale
	como la dejáis así!
	    ¡Oh, mercader nada avaro!
	¡Cómo agora se ve claro
	el engaño que me hiciste!
	Pues, tan barato vendiste
	lo que me cuesta tan caro.
	    ¡Que comprada ha sido aquésta!
	¡Que así en mi pérdida ha sido!
	Como si me dieran ésta,
	en ella tanto he perdido
	que el alma y vida me cuesta.
	    ¡Oh, retrato angelical!
	¡Bello rostro celestial!
	Si me dais tanto cuidado
	siendo un pequeño traslado,
	¿qué hará el original?

Cauteloso, Amor, has sido
y en sujetarme y prenderme,
materia y forma has unido
pues la luz para encenderse
en una tabla has traído.
    Mas en tu rueda amorosa
me consuelo de una cosa,
que soy su igual y que puede,
si el juicio me lo concede,
recibirme por su esposa.
    ¿Pero cómo puede ser
sin que el mundo me condene
por flaca y fácil mujer?
Amor, Amor, que el rey viene;
de ti me pienso valer.

(Sale el rey.)

Rey   ¿Cómo, Fenisa, podré
remunerar tanta fe
como he cobrado por ti;
que el ser antiguo perdí
y otro nuevo ser cobré.
    Los cielos gracias te den,
pues sin desdén ni rigor
hiciste me quiera bien.
¡Oh, cuánto vale un favor
que viene tras un desdén!
    Cualquiera desdén que siento
me da dolor y tormento.
El valor viene doblado,
pues quita el dolor pasado
y del otro tanto contento.
    El tesoro de memoria

escondido siempre ha sido,
y así en aquella victoria
me escondí y hallé escondido
el principio de mi gloria.
    Y, pues, el medio remedio
está claro, que en el medio
consiste el bien de mi fin...

Fenisa   Verdad dices si el jardín
no estuviera de por medio.
    El medio fue semejante
al principio que tuviste,
y al fin que será tu amante,
mira que bien mereciste
por solo serle constante.
    Pero, sí, que es obligar[se]
para poder alcanzar[se].
Tu voluntad se confirma
con solo darle una firma
que quiera después casarse;
    porque teme que no olvide
habida tu pretensión.
Pondrás el darle marido,
aunque yo por tu interés
gran premio le he prometido;
    mas ella lo echa en donaire
respondiéndome al desgaire:
«Promesas que así se ofrecen
muerto el fuego, desaparece[n]
como escritas en el aire».

Rey   Si el aire son los suspiros
que salen del corazón,
mal podéis, promesas, ir[os]

pues si cumplo mi afición
por fuerza habré de cumpliros.
   Bien, Fenisa, me aconsejas.
No quiero que tenga quejas
después de mi poca fe.
Pide papel. Firmaré.

(Aparte.)   (Tormento esta vez me deja.)

Fenisa   Ya, señor, iré por él.
No des a los pajes cuenta.

(Vase por el papel Fenisa.)

Rey   De mi amor [le diré] en él,
pues el bien que me sustenta
le fundo agora en papel.
   Por mi fe, buen fundamento
podrá llevar mi contento
si en solo papel se funda,
pues de ello no más redunda
poder llevárselo el viento.
   En esto se puede ver
si son las mujeres vanas
o si lo procuran ser,
pues en cosas tan livianas
funda el gusto una mujer.

(Sale Fenisa con papel, y dice.)

Fenisa   Ves aquí todo recado.

Rey   Cumplir mi palabra es ley,
y pues que ya así la he dado
firmado en blanco «Yo el Rey»,

le tengo su amor pagado.
    Al blanco de su afición
apuntó mi corazón,
y la tinta de este blanco
muestra que mi pecho franco
dio tributo a la pasión.
    Esta firma le darás,
y si pareciere mengua,
tan chico don, le dirás
que no le dará más lengua
por ser el alma lo más.

(Dale el papel y sale un paje.)

Paje   Licencia pide, señor,
                        de Tracia un embajador
                        para hablarte.

Rey   Dile que entre,
                        porque en entrando se encuentre
                        con el premio de mi amor.

Fenisa   A tiempo bueno ha venido,
                        que en nombre del rey con ésta
                        pienso pedir por marido
                        al que más caro me cuesta
                        que el duro troyano a Dido.
                            En el alma triste siento
                        un nuevo bien y contento.
                        Pensamiento, ¿dó me llevas?
                        ¿Si será aquestas nuevas
                        para mí viejo tormento?

(Salen Ricardo y un criado.)

Ricardo   [Ausonio], el príncipe y señor de Tracia,
con pecho cuidadoso descubierto,
tus manos besa y esta carta envía.

(Lee el rey la carta.)

Rey   «La mucha obligación que a tus pasados,
supremo rey, los míos han tenido,
me pone atrevimiento que pretenda
ayuntar mis estados con los tuyos
pidiendo que me des en casamiento
a Fenisa tu hermana y mi señora,
aunque sin avisárselo a mi padre
que agora está en la guerra de Polonia.
Esto te suplico. Estoy seguro
que no le pesará cuando lo sepa
porque también lo estoy que [eso] tu pecho
al mío podrá dar lo que desea.
Concluyo con que Dios tu estado aumenta
guardando tu persona muchos años
como es justo.
          El Príncipe de [Tracia]»

Fenisa (Aparte.)   (¡Oh, esta imaginación
que pasó por mi deseo,
o es sueño de mi pasión
o es sombra alguna que veo
del fin de mi pretensión.
   No sé, tabla celestial,
si a teneros en más venga,
por ser de Ausonio señal
o si ya en menos os tenga
pues tengo el original.)

(Cáesele [inadvertida] a Fenisa el papel de la mano.)

Rey

Pues, tanto en ello se gana
por mi parte, es cosa llana
que no podré decir no,
pues que gano tanto yo
como ha ganado mi hermana.
    Otros pierden por gozar
lo que a sus gustos impide,
y pierde el que suele dar;
mas hoy el príncipe pide
para darnos a ganar.
    Y tú, si cansado estás,
aquí descasar podrás
de tu camino pasado.

Ricardo (Aparte.)

(¡Oh, rey, qué mal te he pagado
el bien que agora me das!)
    Ser[á] al príncipe molesta
la respuesta si se tarda,
y en serle ya manifiesta
porque por horas aguarda
que le llegue la respuesta.
    Tu majestad no le escriba
porque así me detendré.

Rey

Alto, pues, que se aperciba
toda mi gente haré
porque al príncipe reciba.
    Partirte puedes de aquí.

Ricardo

Harélo, señor, así.

Rey	Vamos a cumplir mi intento.
Fenisa	Será hacer recibimiento para el recibirme a mí.

(Vanse el rey y Fenisa.)

Ricardo   Bien la ocasión me afortuna
que el tiempo sin vuelta alguna
me da lugar y ocasión.
Hoy sacaré por blasón
Ocasión, Tiempo y Fortuna.
    Bien principio di al engaño,
si por algún caso extraño
el fin no viene en ofensa,
que donde el hombre no piensa
allí suele estar el daño.
    Solo nos falta ordenar
que esperanza o que respuesta
al príncipe se ha de dar.
Pero, ¿qué carta es aquésta?
Del suelo la quiero alzar.
    En blanco tiene la firma.
«Yo el Rey» dice. ¡Oh, cielo franco!
Mi voluntad se confirma.
Esta vez doy en el blanco
pues el rey en blanco firma.
    Sobre ella pienso escribir
un caso digno de oír,
y es que Fenisa murió
de un breve mal que le dio,
y así podré despedir
    de que pretenda la infanta
el triste príncipe Ausonio.

Mi buena industria me espanta.
Tanto puede un testimonio
que un hombre honrado levanta.

(Vase y sale Floriseo.)

Floriseo   Aquí vuelvo a contemplar
este sagrado lugar
donde solamente fue
el milagro de mi fe
que no lo puedo olvidar.
    Aquí en señal de victoria
me dio Fenisa la palma,
y así para aquesta gloria
en Fenisa tengo el alma
y aquí tengo la memoria.

(Sale Fenisa.)

Fenisa   Aquí fue dó le perdí.

Floriseo (Aparte.)   (Esto lo dice por mí;
que como a verla no he ido
sospecha que me [ha] perdi[d]o.)

Fenisa   Si podré hallarle aquí,
    pues, ¿qué le puede perder?

Floriseo (Aparte.)   (En su pensamiento asisto.
Su pasión me da a entender,
encubriendo que me ha visto.
¡Oh, qué discreta mujer!)

Fenisa   Si le halló alguna dama

	de palacio...
Floriseo (Aparte.)	(Ella me ama,
	pues de damas se recela.
	¡Puede poner una escuela
	de discreción, ciencia y fama!)
Fenisa	¡Por mi fe, no le hallo!
Floriseo (Aparte.)	(Aquí, mi bien, me hallarás.)
Fenisa	Casi estoy por no buscallo.
Floriseo (Aparte.)	(No me esconderé yo más,
	que me perderé si callo.)
	Señora, no está perdido
	lo que buscas.
Fenisa	Yo agradezco
	el cuidado que has tenido.
	¿Dó pareció?
Floriseo	Aquí pare[zco].
	Pues, ¿tan bien te ha parecido?
Fenisa	Di, ¿dónde está? ¡Por mis bienes!
Floriseo	Dentro en tu alma lo tienes
	después que tuyo se nombra;
	que yo no soy sino sombra
	de aquél que en tu pecho tienes.
Fenisa	Acaba. Dame el papel,
	que lo pedirá mi hermano.

36

| Floriseo | ¿El papel? ¿Quieres por él |
| | motejarme de liviano? |

| Fenisa | Mira, que [ya] está en él |
| | la firma del rey. |

Floriseo	Y firme
	estoy sin arrepentirme
	del alma que te he entregado.

Fenisa	¿Estás loco o porfiado
	en burlarme y perseguirme?
	¡Basta el juego, Floriseo!

Floriseo	Ésa tu sospecha baste
	si fue probar mi deseo
	ese término que usaste,
	Ya ves mi poca mudanza;
	no marchites mi esperanza
	en dilatar mi favor
	porque siempre es la mejor
	la que más presto se alcanza.
	Bien sé cierto que me quieres
	pero pienso será tarde
	cuando tú me lo dijeres
	porque el uso de cobardes
	tienen siempre las mujeres.
	Muestran con el vencedor
	humildad, miedo y amor;
	y con quien vencidos siente
	quiere mostrarse valiente
	tratándoles con rigor.

Fenisa
    Alguien te tiene engañado.
O el jüicio te ha falta
o te ciega la afición,
o ésta es alguna traición
que en mi daño has ordenado.
    ¿Tan liviana y fácil soy?
¿Tanto a mis ventanas voy?
¿Con tan blandos ojos miro?
¿Tan a menudo suspiro?
¿Tan melancólica estoy?
    ¿Tanto sabes [que] te he [amado]?
¿Tantos billetes [te] he escrito?
¿Tantas veces te he hablado?
¿Tantos requiebros permito?
¿Tantos pajes te he enviado?
    ¿Qué entiendes que te he querido?
¿Y si un papel he perdido
sospechas que eres tú él?
Bien dices que eres papel
pues que tan liviano has sido.

(Vase.)

Floriseo
    ¿Soy yo Floriseo? Sí.
¿Fue Fenisa? Sí... ¡mas no!
La envida fue la que vi
que mi bien impedí yo.
Soy imagen del que vi;
    mas, ¡ay!, que si envidia fuera,
Fenisa no pareciera
si yo fuera imagen hoy,
siendo lo poco que soy
de lo mucho que antes era.
    ¡Oh, falsa, que me has burlado!

Mas por fuerza había de ser
esta vuelta que hoy has dado.
Mas eres al fin mujer
y por ser yo desdichado,
 ingrata, no te pedía
constancia como la mía
mi voluntad infalible.
¡Qué bien vi que era imposible!
Pero durará algún día.

(Sale Leonora.)

Leonora
    ¿Quién es ésa tan esquiva,
a quien tus suspiros van,
que trocó en marchita oliva
lo verde del arrayán,
señal de esperanza viva?

Floriseo
    Esa esquiva, esa ingrata,
ésa que tan mal me trata,
ésa que tiene deshecho
en cautiverio mi pecho
y nunca de él me rescata,
 y ésa que en verme mató
cual basilisco furioso
y con su vista me dio
el veneno, que a su esposo
[Deyanira] un tiempo dio,
 disfrazado en la camisa
ésa que trae por divisa
de sus victorias y palmas
sacando de muertas almas
un campo pardo, es Fenisa.

(Vase.)

Leonora
      Perdido va, caso extraño.
      El daño ha sido su dama
      y yo la causa del daño.
      ¡Oh, cómo en el alma que ama
      es peligroso un engaño!

(Sale el rey.)

Rey
      Después que estampó el Amor
      en mi pecho tu valor
      quedando de él envidioso,
      arrojó el pincel furioso
      y me dejó mi dolor.
      Borró el tormento que viste,
      dióme el ser que me entregaste
      después que bien me quisiste
      y el corazón me llevaste
      y aquéste tuyo me diste.
      Amor y Naturaleza
      nos premiaron con largueza;
      que él no puede, y con razón,
      darme mayor galardón
      ni ella a ti mayor belleza.

Leonora
      Rey, quisiera responderte,
      como es justo responder,
      de otro modo y de otra suerte;
      mas pienso que en ser mujer
      no he de poder ofenderte.
      Y si no te ofendo, entiende
      que ese fuego que te enciende
      en ofenderte se anima;

que quien ofende a su prima
a su misma sangre ofende.
   Eres hombre, pero siento
que por tener de rey nombre,
tuviste ese atrevimiento;
que no bastara ser hombre
para tan gran pensamiento.
   ¿Yo te he querido jamás?
¿A quién tu vida y fe das?
¿Vienes loco? ¿Vienes ciego?
A ocasión de tanto fuego
deslumbrado y ciego estás.

Rey   ¡Que niegues que me has querido!
¡Que mudable quieres ser!
Pero justo caso ha sido.
Quien así quiso a mujer,
mujer le paga en olvido.
   Sola mi fe me engañó
porque nunca pensé yo
que cupiera en lo que vi
tras un dulce alegre «sí»
un amargo y triste «no».
   Ingrata de mi servicio,
no puede mi mal culparte
de aqueste mal beneficio;
que en ser mujer y mudarte
has usado de tu oficio.
   De mi mano recibiste
la firma que me pediste,
y me pediste papel
para firmar más en él
la firmeza que tú viste.
   Cual el fundamento fue,

tal ha sido tu firmeza.
Del cielo me quejaré
pues quiere que tal belleza
en tan mal sujeto esté.

    Ya tus favores se han ido
pero no lo he perdido;
pues quiere Amor que me acuerde
que cuando algún hombre pierde
es señal que ha poseído.

    Da a tu ingratitud lugar
y le daré yo a mi llanto;
que si tan dura has de estar,
quizá vendré a llorar tanto
que al fin te venga a ablandar.

(Vase.)

Leonora
    La confusión me fatiga.
No me espanto que el rey diga
el amor y que me quiera;
mas que a la vista primera
tales razones me diga.

(Sale Fenisa.)

Fenisa (Aparte.)
    (La mujer con tal se nombre
engañó al hombre en comer,
por subir más y más ser,
y así por ser más el hombre
quiere engañar la mujer.

    Temo que el duque no enrede
algún engaño que quede
mi bien convertido en daño;
que a veces hace un engaño

lo que la razón no puede.
  Y como de mi locura
nació el engaño presente,
de engaño no estoy segura
como suele un delincuente
que de nada se asegura.)

Leonora   Fenisa, quejarte veo.
 ¿Quién te agravió?

Fenisa   Floriseo;
que loco de su [pasión]
entendió que su razón
igualara a su deseo.

Leonora   Si su disculpa conviene
para que no le condene
tu justicia a aborrecerlo,
bien puedes de hoy más quererlo
que justa disculpa tiene.
  Engañado le he traído,
fingiendo que tú le quieres,
y su engaño solo ha sido
pensar que nobles mujeres
tan fácilmente han querido.
  A mí me puedes culpar;
que le he querido burlar
en engaño semejante
y ya sabes que un amante
es muy fácil de engañar.

Fenisa   Si libre merece ser,
yo perdono su inocencia
conque olvide su querer.

43

Leonora	Aún no se acaba la audiencia que hay otro pleito que ver.
Fenisa	Ya he entendido a lo que vas: residencia le darás pues quedará de esta vez culpado el primero juez.

Leonora	Quién es culpado verás.
	    ¿Qué liviandad ha hallado
	el rey en mi autoridad
	que sospecha que le he amado
	o quiere sacar verdad
	por un mentís disfrazado?
	    Y no saber que afición
	le quita a un amante justo
	la vista de la razón
	y aún es cuerdo donde el gusto
	camina por su pasión.
	    Si la señal de su mal
	en el triste amante es tal
	que por ciego es conocido,
	¿en qué ve lo que he querido
	si me faltó esta señal?

Fenisa	Si en las damas principales la guerra de amor se encierra, ella se encubre en sus males porque no siempre que hay guerra los cielos muestran señales. Y, pues tu gloria lo ordena, ella misma lo condena a que no esté en tu memoria.

44

Basta faltarle tu gloria
para que esté siempre en pena.
    Fue engañarle mi intención
para cierta pretensión
que tú después la sabrás.
Pero agora fingirás
que le tienes afición.

Leonora   ¿En tus trazas y quimeras
peligro no consideras?
¿No ves que Amor, por matar,
de burlas se suele entrar
y viene a salir de veras?
    Y aunque tu invención me agrada,
si quieres eso hacer
con mi hermano, ¡que me enfada!

Fenisa   Agora no puede ser.

Leonora   ¿Cómo no?

Fenisa   Estoy desposada.

Leonora   [¿Desposada? Pues], ¿con quién?

Fenisa   Con quien reciba tal bien
que no espero ver desgracia...
con el príncipe de Tracia.

Leonora   ¡Por muchos años, amén!
    Cuéntame cómo.

Fenisa   Después;
que es el caso un poco largo.

Leonora	Después que con él estés bien puedes tomar el cargo de engañarlo.
Fenisa	Verdad es. Yo lo fingiré.
Leonora	El rey viene.

(Salen el rey y Lisarte.)

Rey	Haz que el alarde se ordene y salga la infantería a cuatro millas de Hungría. Mira qué concierto tiene. No quede ningún vasallo, como de palacio sea, que no se le dé caballo y se le vista librea.
Lisarte	Luego voy a concertallo.
Rey	A la brevedad te [brega] porque ya el príncipe llega al ducado de Haisora.

[Vase Lisarte.]

(Aparte.)	(Entendí hablar a Leonora y la ocasión me niega.) Oh, bella diosa del cielo, como en ti se compadece, que mejor del Sol del cielo;

tu bella luz resplandece
y no desprecie tu velo.
   Como acabaste mi vida,
agora por la herida
una fresca sangre vierto
como suele un cuerpo muerto
delante del homicida.
   El tiempo te ha concedido
de lo lindo tanta parte
que el olvido todo ha sido,
y así no quiero olvidarte
por no querer al olvido.
   Agradaste en ver que muero
y así agradarte no quiero,
por no quererte agradar.

Leonora	Si te hubieras de matar,
	dame mi alma primero.
Rey	Luego, ¿yo la tengo?
Leonora	Sí.
Rey	Salió con tal falsedad
	el crédito que te di
	que aunque me digas verdad,
	pienso que burlas de mí.
Leonora	¡Oh, qué novicio amador!
	Cese, rey, tanto rigor.
	Basta ya. Queredme bien;
	que es un crisol, un desdén
	donde se congendra amor.
	Aquel desdén hice yo

para probar vuestra fe,
pero nunca se gastó;
que como tan poca fue
en la prueba se acabó.

Rey   Publique el cielo esta historia.
¡Amor, victoria, victoria!
Que mi pena y mal notorio
fue pena de purgatorio
para gozar de esta gloria.
    Hame consentido el cielo
por lo que en mi pecho encierra,
que fue procurar tu cielo,
pues, nunca paró en la tierra
aquél que cayó del cielo.

Fenisa   El duque afuera ha salido.

Rey   Voyme, pues no me ha sentido.

(Vase.)

Fenisa   Tu amor estoy contemplando;
que no sé si está burlando
o se de veras ha sido.

Leonora   Eso agora lo verás.
Haz con el duque otro tanto.

(Sale Floriseo.)

Floriseo   ¡Oh, dura roca, aquí estás!
Roca dije, pues mi llanto
basta a endurecerte más.

Fenisa	¿Quién duda que de enojado
	un mar copioso ha llorado?
	Su corazón [descubierto],
	hermano, ¿Si estaba muerto,
	cómo no lo han enterrado?
	Ya, duque, de vos me espanto.
	Dejad por un rato el llanto,
	no deis suspiros tan recios
	porque es de amantes muy necios
	suspirar y llorar tanto.
Leonora	Hagamos, duque, amistad.
	Mira que fue por probarte
	encubrir [mi] voluntad.
Floriseo	De nuevo vuelvo a adorarte
	si me dices la verdad.
	Y si aquesto verdad es
	dame, Fenisa, los pies.
Fenisa	Poco tu pecho desea.
Leonora	El rey viene.
Fenisa	No nos vea.
Floriseo	¿Cuándo te veré?
Fenisa	Después.

(Vanse Fenisa y Leonora.)

Floriseo	Fue recién muerto mi fuego

pero al humo que de él vive,
le tocó tu lumbre el fuego,
y así tan presto recibe
otra vez vida y sosiego.

(Tocan cajas y sale el rey.)

Rey   ¡De esa suerte, duque, estás!
                  ¿Cómo a recibir no vas
                  al esposo de Fenisa
                  que ya nuestra corte pisa?

Floriseo   ¿Luego, desposado la has?

Rey   ¿Agora lo dudas?

Floriseo   Sí;
                  que nunca tal he sabido
                  de Fenisa ni de ti.

Rey   Pues, sal luego.

Floriseo   Obedecido
(Aparte.)   serás en todo. (¡Ay, de mí!)

Rey   ¿Por qué suspiras?

Floriseo   Suspiro
                  porque mil casados miro
                  y solo yo no me caso.

Rey   ¡Por Dios, que es terrible caso
                  para tan grande suspiro!

(Vase el rey.)

Floriseo

¿Qué es esto, tiempo crüel?
¿Qué curso es éste que has dado
para consumirme en él?
Acabe el siglo dorado
en la muerte de otro Abel.
   ¿Estoy en mí? ¿Duermo o velo?
¿Cómo me consiente el suelo,
pues el cielo me destierra?
Estoy seguro en la tierra
que no lo estaba en el cielo.
   En este dolor que siento,
¿quién sufrirá más dolor,
el alma o el pensamiento?
Ella padece el rigor
y él me causa su tormento.
   Mas, iay, Amor!, que tus males
los dos padecen iguales;
aunque padezca inmortal gloria
dos sujetos inmortales.
   ¿Para qué es esto que siento?
¿Querido de ella no estoy?
¿Qué es el primer fundamento?
Pues yo no seré quien soy
si no impido el casamiento.
   Quiero ver con quién se casa
y lo que en palacio pasa;
que no conviene sosiego
pues se va perdiendo el fuego
que me consume y abrasa.

(Vase y salen al balcón Fenisa y Leonora.)

Fenisa	Leonora, en este balcón,
	si atenta un rato me estás,
	de todo punto sabrás
	mi verdadera intención.
	Que aunque mi firmeza es mucha,
	cuando vi aquel mercader,
	hice oficio de mujer.

Leonora	¿Luego lo quieres?

Fenisa	Escucha:
	no es tan humilde mi trato,
	que ese amor haya tenido.

Leonora	Pues, ¿en qué mujer has sido?

Fenisa	En dar el alma a un retrato
	y en darle como le di
	el pecho por sacrificio,
	aquéste ha sido mi oficio
	desde el día que le vi.

Leonora	Si hoy tu esposo te recibe,
	¿qué te da cuidado?

Fenisa	Temo
	que cuando llegue al extremo
	Fortuna no me derribe.

Leonora	Pues, en ese temor tuyo,
	el mercader, ¿qué causó?

Fenisa	Causará si me engañó
	y ese retrato no es suyo.

Leonora	Y cuando suyo no sea,
	a ti, ¿qué te importa?
Fenisa	¿Qué?
	Que jamás me casaré
	hasta que a su dueño vea;
	que si su rostro no es éste,
	su valor, su cuerpo y gracia,
	aunque príncipe de Tracia
	y aunque la vida me [cueste],
	no me he de casar con él;
	que ese amor le tengo yo
	el retrato me lo dio,
	que yo no lo he visto a él.
Leonora	Di, pues, ¿qué provecho sientes
	en que aquí las dos estemos?
Fenisa	Que los rostros cotejemos
	a ver si son diferentes.
Leonora	Bien has dicho. Rumor suena.
	Sin duda que llegan ya.
Fenisa	Solamente en esto está
	el remedio de mi pena.
Leonora	No tengas temor, Fenisa.

(Tocan cajas dentro.)

Lisarte	¡Extiende aprisa esa juncia!

Leonora	El tiempo tu gloria anuncia
	que la esperanza se pisa.

(Salen uno echando juncia y luego toda la gente de dos en dos y el rey de Hungría y el conde Bertilo a su lado, como Príncipe, y éntranse.)

Fenisa	¡Mi esperanza va perdida!
Leonora	¡Terrible desgracia!
Fenisa	Advierte
	que en este punto la muerte
	luchando está con la vida.
Leonora	El rey viene y a su lado
	quien [de] esposo tiene nombre.
(Aparte.)	(¡Por mi fe, que es gentil hombre!
	Oscuro queda el retrato.)
Fenisa	¡Ay, Dios, que no se parecen!
	¡Qué diferentes facciones!
Leonora (Aparte.)	(¡Ay, Dios, que nuevas pasiones
	mi cuerpo y alma padecen!)
Fenisa	¡Qué rostros tan diferentes!
Leonora (Aparte.)	(¡Qué rostro, valor y ornato!)
Fenisa	No es suyo aqueste retrato,
	Leonora, ¿de eso qué sientes?
Leonora	Dolor, pasión y tormento.
	Siento que son desiguales.

(Aparte.)	(Mejor sintiera mis males
Fenisa	¡Oh, mercader cauteloso,
	eres al fin mercader!
	Cielos, ¿de quién puede ser
	este retrato glorioso?
	Desposarme no imagino.
	Mirad, tabla, en cuánto os precio,
	pues a un príncipe desprecio
	por vuestro rostro divino.
	Mirad si sois principal,
	pues que vence mi cuidado
	un verdadero traslado
	a un fingido original.
	Mas, ¿qué llorar me aprovecha
	si a ciegas me quejo y lloro?
(Vase.)	
Leonora	Basta que en efecto adoro
	lo que Fenisa desecha;
	mas yo curaré mi daño
	con hacer que no la quiera.
	¡Oh, mujeres, quién os viera
	en la red de aqueste engaño!
(Vase.)	

Fin de la primera jornada

Jornada segunda

(Sale Ausonio, rasgando una carta y tras él sale Ricardo.)

Ausonio   Pedazos hago el papel
adonde mi muerte fundo,
por venir escrito en él
que quiere acabarle el mundo,
pues Fenisa salió de él.
    Fenisa muerta y yo vivo,
¿Por qué muerte no recibo?
¿Qué milagro es éste, y palma,
que salga de un cuerpo el alma
y el cuerpo se quede vivo?
    Dichosa infanta, bien sé
que el alto cielo te encierra
como en el arca Noé;
que se ha de anegar la tierra
co[sa] que yo lloraré.
    Mas con esto me consuelo,
que hecho montes el suelo
y pasado este diluvio,
nos mostrará su arco rubio
en señal de paz el cielo.
    Tu bella luz mostrará,
haciendo el cielo arrebol,
porque el Sol viéndote allá
ha de dejar de ser Sol
y su lugar te [dará].
    Tan rica dejas la tierra
que temo no nos des guerra,
porque todos la pisamos
y porque no la adoramos,
después que tu cuerpo encierra.

Ricardo	Si el tiempo con su rigor
	la infanta acabó en su tiempo,
	acabe ya tu dolor.
Ausonio	Todo lo consume el tiempo
	pero no un perfeto amor.
Ricardo	Mas, antes es imperfeto,
	pues ha faltado el sujeto
	que tu amor perfeto causa.
Ausonio	Aunque ha faltado la causa,
	¿falta después el efeto?
	El Fénix tiene costumbre
	cuando se quiere morir
	de echarse vivo en la lumbre,
	mas otro vuelve a salir
	de su ceniza a la cumbre.
	Y de esta suerte en mi pecho,
	que Fenisa ya ha deshecho
	de mi fuego y su ceniza,
	otro Fénix, —¡Oh, Fenisa!—
	admirablemente ha hecho.
Ricardo	Pues, ¿qué pretendes hacer?
Ausonio	Que partamos luego a Hungría
	para allí gozar y ver
	la que muerta, helada y fría
	temblar me hace y arder.
	Su espíritu está en la gloria;
	su cuerpo en la tierra dura;
	su fama en eterna historia;
	en mi pecho su hermosura;

todo junto en mi memoria.
　Y, pues, todo en ella está,
él la vida le dará
por lo que recibe de ella,
y si yo vengo a perdella,
un mármol nos cubrirá.
　Alto, partamos de aquí;
que la muerte me convida
a darme otra muerte allí
porque no quiero aquí vida
que esté sin ella y sin mí.

Ricardo (Aparte.)	(Perdido soy si se parte.)
	Justo será reportar[te].
	Busca, señor, otro modo.
Ausonio	Estando sin vida el todo,
	¿cómo ha de vivir la parte?
Ricardo	Mira que dejas desierto
	tu reino de ley y rey,
	y andará con desconcierto.
Ausonio	Más vale que esté sin rey
	que no tener un rey muerto.
Ricardo	Determinado estás de ir?
	¿Tu padre, qué ha de decir?
	Pues para acabar la guerra
	te encomendó el reino y tierra.
	¿Hoy lo dejas destrüir?
Ausonio	Cuando mi padre partió,
	mi Fenisa viva estaba

y así estaba vivo yo.
A un vivo su reino daba,
¿qué culpa si ya murió?

   Yo pondré gobernadores
que recojan mis tributos.
Suenen roncos atambores,
arrástranse negros lutos.
No parezcan más colores.

   Haya tristeza infinita,
tristes canciones le canten
con un ronco llanto y grita,
altos túmulos levanten,
negra cera se derrita.

   Toquen las campanas dobles,
traigan luto las más nobles,
dése a pobres mi riqueza
y el suelo, por más bajeza,
cubran cipreses y robles.

   Y si el cielo permitiera
que en él dominio tuviera,
sus estrellas descumbrara
y al mismo Sol eclipsara
porque su muerte sintiera.

(Vase.)

Ricardo   Si llega el príncipe a Hungría,
el conde ha de peligrar;
mas, pues él de mí se fía,
yo lo tengo de librar
a peligro y costa mía.

   Vasallo noble he de ser
y una posta he de correr
que si llegar antes puedo

otro mayor he de hacer.

(Vase. Salen Fenisa y el rey de Hungría.)

Rey
Está, Fenisa, segura
que no gozarás de hombre
indigno de tu hermosura
porque no he de honrar a un hombre
que deshonrarme procura.
    ¿A tal se pudo atrever
el que tu esposo ha de ser
que diga que a mi Leonora
la quiere tanto y adora
olvidando a su mujer?
    ¡Que haya cabido en la alteza
de aqueste príncipe Ausonio
tal mudanza y tal bajeza!
Mas, hecho este matrimonio,
no burlará tu belleza.
    Al fin, ¿que anoche los viste
por el balcón que dijiste
hablar[se]?

Fenisa
Sí, mi señor.

Rey
¿Por qué me ensalzaste, Amor,
si gloria breve me diste?
    Fue mi gloria perdición,
pues me ha faltado tan presto;
mas no habrá sin su traición.
Ni el Sol que a mi fe me ha puesto
le saldrá por el balcón.
    Si la noche encubre tal,
ya de hoy más el pedernal

de mi amor y pesadumbre
dará centella la lumbre
para descubrir mi mal.
    A tu balcón está atenta
esta noche sin tardanza.
En viéndolos, me da cuenta
que para tomar venganza,
por fuerza, he de ver mi afrenta.
    Que según el caso [exhumo]
y grave Ausonio, presumo,
tenga con Amor un ciego
porque nunca donde hay fuego
se puede encubrir el humo.
    Tus palabras se merecen;
mas dos contrarios se ofrecen
en lo que presente veo,
que tal delito y tal reo
apenas se compadecen.
    Mucha fe en el caso das;
mas la fe de mi Leonora
dice que engañada estás,
y así quiero ser agora
otro segundo Tomás.

Fenisa (Aparte.)   (Quise, con esto, estorbar
de no verme desposada,
mas no lo podré alcanzar;
que nunca mujer honrada
a nadie supo engañar.)

(Sale por una puerta Bertilo y por otra se va Fenisa.)

Rey   No sospechas, rey, que basta
ser rey para usar la ley

que al orden de un rey contrasta;
que si eres rey, lo has con rey,
y rey de tu propia casta.
   Es afrenta de mi honor
que tengas en más valor
la que ojalá me quisiera,
y si de mi honor no fuera,
bastaba ser de mi amor.
   Tu mujer has olvidado,
y rey no merece ser
quien su palabra ha quebrado.
La honra de tu mujer
y el gusto de tu cuñado,
   la nobleza de tu nombre,
me obliga[n] que aquesto hable.
No te alteres ni te asombre
que el hombre, rey, y mudable
no es noble, ni es rey, ni es hombre.
   La humana naturaleza
así sus virtudes labra:
en los nobles la firmeza,
la firmeza en la palabra,
en los reyes la nobleza.
   Es noble quien firme ha sido,
es firme quien ha cumplido.
¡Rey noble, firme en su ley!
Luego, no será buen rey
quien aquesto no ha tenido.

Bertilo   Yo beso a tu majestad
los pies por tan buen consejo.

Rey   ¿Para qué es tanta humildad?

Bertilo   Porque es la humildad espejo
               donde se ve la verdad.
                   Está, rey, de mí seguro,
               pues por los cielos te juro
               que lo que dices ignoro
               y a Fenisa solo adoro
               y sus palabras procuro.

Rey   Humilde es tu prudencia.
               O es de Sinón tu paciencia,
               o es mi confusión Babel,
               o de Isaac, Josef o Abel
               heredaste la inocencia.
                   Estoy confuso de ver
               que tan diferente nombre
               esta verdad ha de ser:
               o a la nobleza de un hombre
               o al gusto de una mujer.

(Salen Leonora y Floriseo.)

Floriseo   Impórtame la vida el impedirlo
               o al menos, si no puedo, dilatarlo.

(Salen por otra puerta Fenisa y el marqués Lisarte.)

Fenisa   ¡Por vida del marqués que lo dilates
               poniendo por delante algunas leyes
               de las que sabes que este reino tiene!

Lisarte   Solo, supremo rey, saber deseo
               de los señores príncipes mañana...

Rey   ¿Por qué los dices?

64

Lisarte	Porque todo el vulgo, siguiendo la opinión de los más nobles están dudando cómo no se guarda la ley antigua de este antiguo reino. ¿No se manda que aquél que pretendiere el desposarse con princesa suya asista algunos días en palacio primero que con ella se despose?
Floriseo	Dice bien el marqués; que así se dice.
Bertilo (Aparte.)	(Solo me falta que estas leyes cumpla para dar más lugar para perderme.)
Rey	Confieso que es verdad; mas solo basta un mes de tiempo, el medio está pasado. Aguarde vuestra alteza el otro medio.
Bertilo (Aparte.)	No es justo que por mí las leyes quiebren. (Perdí de todo punto mi esperanza.)
Rey (Aparte.)	(El marqués con mi gusto corresponde que en este medio mes sabré su intento.)

(Sale Ricardo, muy alborotado.)

Ricardo	Después de haber besado pies y manos, dirá la audiencia de mi humilde boca. Oye, señor, el cuento más extraño que jamás refirieron él ni otros. Llegó un retrato junto con su fama de Fenisa la infanta, mi señora, al reino dedicado a su persona. Bertilo, el conde, tu vasallo caro,

por su bien, por su gloria y sus pecados,
oyó la fama y el retrato vivo
rindióle el alma por despojos pobres,
y tuvo tanta fuerza su belleza
que le privó de todos sus sentidos
sabiendo que con ella te casabas.
Y que será sudor sin esperanza,
desatinos, locuras, disparates,
lástimas, llantos, quejas y dolores
pronuncia el pobre, que provoca a risa,
mezclado con dolor de bello loco.
Al fin, entre otras cosas en que ha dado
es decir que la infanta es ya difunta
y que él es heredero de la Tracia.
Que eres tú conde [que se ha puesto] su nombre.
Ausonio dice que es, y tú Bertilo.
Traidor te llama y dice mil injurias
por toda Tracia, pues con su locura
viene a esta corte y por avisarte
un breve espacio quise adelantarme.

Bertilo   ¡Oh, caso extraño! ¡Oh, desdichado conde!
                 ¿En ese fin lo ha puesto su locura?
(Aparte.)   (¡Industria milagrosa ha sido aquésta!)

Rey   Antes de conocer el triste loco,
                 su mal me aflige. Su locura siento.

Fenisa (Aparte.) (En más obligación de darme esposo
                 [eso] me ha puesto a mí, pues soy la causa.
                 Muerta me llama [ya] la verdad pública
                 que más suele asistir entre los locos.)

(Dice dentro Ausonio.)

Ausonio	Dile al rey, tu señor, que está en su casa el príncipe Ausonio.
Ricardo	El loco es éste.
Floriseo	Dejad entrar adentro al triste loco.
Leonora	No es poco su dolor.
Lisarte	Ni el gusto es poco.

(Sale Ausonio vestido de luto.)

Ausonio	Tu persona, rey, y estado guarden los cielos y gloria que ella sustenta a Fenisa, y ellos la sirven de alfombra. Yo, que he sido en otro tiempo, si de mí tengo memoria, sombra viva, con su muerte me convierto en negra sombra; yo, que hice un mar bermejo con la turca sangre roja cuando cortando sus brazos fueron espuma sus olas; yo, que de los cuerpos muertos hice muelles a mis flotas y de las aguas estrados cubriéndolos con marlotas; yo, que alcancé de los persas la más insigne victoria que Alejandro ni Pompeyo a quien la fama corona;

yo, que en Tracia me quedé
sin ir al cerco a Polonia
por no asolarla de presto
y darle una muerte sola;
yo, que merezco renombre
que los mismos cielos toca,
nunca pude resistir
una pasión amorosa.
Pero, ¿para qué refiero
tiempo, vida, muerte, sombras,
sangre, hombre, turcos, persas,
guerra, paz, amor, victorias,
si para encerrar un monstruo
Creta un laberinto forma?
Porque en decirte quién soy
hago el de Creta y de Troya.
Ausonio soy, si por dicha
no me traen pasiones propias
en espíritu de penas,
para que no me conozcan.
Amé y adoré a Fenisa
si amar se pueden las diosas.
Húbola el Sol menester,
bajó su carro y tomóla;
lloró su muerte mi reino.
Tocáronse cajas roncas.
Arrastráronse mis galas,
símbolo de mis congojas.
Así con señales tristes
los cielos su fin no lloran,
yo los hice que lo sientan
por no estar en Babilonia.
Si con tristezas las aguas
no alzaron sangrientas olas,

[vienen a] mojar el cielo
donde vive mi señora.
Las piedras no se quebraron
aunque centellas arrojan,
que porque la cubren piedras
le perdonaran las otras.
Su sepulcro, rey, me muestra,
cuyo cuerpo sacro adoran
Ausonio, Sol, hombre, tierra,
cielos, aguas, piedras, diosas.
Por víctima y sacrificio
le daré el ave que gozan
los que los cielos barrenan
los filos que el aire cortan.
Cuando ella en su muerte quema
y el licor de que se adornan,
cuando otra vez resucite
arderá en sus tristes honras.
Las riquezas de la Saba
tan ricas cuanto olorosas,
traeré por sus oblaciones
si es que oblaciones importan,
y a pesar [de la Anfitrite],
de sus lágrimas más hondas,
sacaré conchas y en ellas
traeré el licor de Etiopia.
Dime, rey, si esto permites,
verás que allí se amontonan
Fénix, incienso y canela,
bálsamo, mirra, olor, conchas.
Pero tú lo puedes todo.
Las manos me da y perdona
advirtiendo que es Hungría,
que es Jerusalén o Roma.

A visitar el sepulcro
vendrán extrañas personas
y con muerte de Fenisa
ganas vida, fama y honra.

Rey

   Dolor me ha dado, Fenisa.
Sus locos dichos enseñan
que gran prudencia tenía.
Los cuerdos de noche sueñan;
los locos la noche y día.

Floriseo

   En locura extraña ha dado.
Puesto tiene su cuidado
en la muerte de la infanta.

Lisarte

Nunca pensé que era tanta,
locura de enamorado.

Bertilo

   Antes, un loco de amor
es mayor, aunque sea poco,
siendo mucho su dolor;
pues que siendo cuerdo es loco,
si es loco será mayor.

Ausonio

Por ver el poco aparato
que traigo de gente y trato
me has conocido, rey, mal.

Fenisa (Aparte.)

(¿No es éste el original
de mi querido retrato?
   Son los dos tan parecidos
que ése es el mismo traslado.
Ambos están sin sentido.
aquéste por ser pintado

	y él por tenerlo perdido.)
Rey	Fenisa, su mal advierte.
	¿Qué decís?
Fenisa	¡Oh, caso fuerte!
(Aparte.)	(¡Que mi muerte pronostican
	locuras que así publican
	que he gozado la muerte!)
Ausonio (Aparte.)	(¡Viva está mi gloria altiva!
	Haré que en viéndome callen;
	mas a bien es que reciba
	que loco y muerto me hallan,
	pues la hallo cuerda y viva.)
Bertilo	Bertilo, ¿no me conoces?
Ausonio	Bien es que Bertilo llames
	a quien infaman tus voces
	para que tu nombre infames
	y de nombre ajeno goces.
	Y mal puedo conocerte
	si estás trocado de suerte
	que sin ver tu corazón
	he sospechado traición
	de solo desconocerte.
Bertilo	¡Gracioso loco!
Floriseo	¡Gracioso!
Ausonio	¿Qué es aquesto, cielo santo?
	Dime, ¿estás de mí envidioso
	o quieres que cueste tanto

lo que tanto fue glorioso?

Fenisa (Aparte.)   (De corrida y triste callo.
La muerte me da el mirallo
porque mi esperanza poca
fue de verde malvaloca
y por fruto un loco hallo.
    ¡Que si el cielo santo permita
que el rostro de aquesta tabla
—porque a un dueño loco imita
y tan viva que no habla—
este bien de que me quita!)

Ausonio   Es tan grande este tormento
que rompe mi sufrimiento
y ya de suerte no excusa.
El alma tengo confusa;
sin sosiego el pensamiento.
    Advierto, rey, que te engañas
y ése que a tu lado veo,
de quien así te acompañas
como el grifo a Prometeo,
te ha de sacar las entrañas.
    Disminuyes tu valor,
pierdes tu reino y tu nombre,
fundas el cielo de amor
sobre los hombros de un hombre
que derriba a su señor.
    Haz que tu muerte se impida;
que ese [es] traidor homicida
de reyes, antiguo oficio;
y quien me quita el jüicio,
podrá quitarte la vida.
    Si acaso tu corte le honra,

mira que traidor ha sido
que a su príncipe deshonra,
y quien honra no ha tenido
mal puede guardar tu honra.

Lisarte   ¡A qué pecho no provoca
a dolor, viendo tan loca
persona por serlo amor?

Floriseo   ¡Qué palabra de color
echa el pobre por la boca!

[Fenisa habla aparte a Leonora.]

Fenisa   Mi locura y ésta lloro
y aun mi locura es mayor.

Leonora   Como puede ser ignoro.

Fenisa   Porque tengo tanto amor
que casi a este loco adoro.

Rey   ¿No tendrá, príncipe, cura
este loco?

Bertilo   No sé cierto.
Eso mi pecho procura.

Ausonio   Si ése viera, infame, abierto
acabara mi locura.
Fundas para mis desmayos
diversas torres y ensayos;
pero si sus puntos subes,
los cielos, el Sol, las nubes

llorarán sobre él los rayos.

Es de Nembrot tu intención.
La voluntad misma corre
por tu falsa pretensión
pero fundas tú la torre
y en mí está la confusión.

Haces loca mi fortuna,
haces mi verdad ninguna;
mas ella será un Astolfo
que me saque de este golfo
sin el Monte de la Luna.

Diste mis cartas o sellos
y con ellas la Ocasión
cogiste por los cabellos;
mas serán los de Absalón
quedando colgado de ellos.

La tierra no te consienta
como a rémora que coge
la nave que me sustenta.
El agua de sí te arroje
como muerto en la tormenta.

Al pie de un monte trabaja,
subir como otro Sisifo
la peña que él sube y baja.
Rompa tus carnes el grifo
que en Olimpo otras desgaja.

Como Tántalo te niegue
agua si quieres beber;
al cuello no más te allegue
en un árbol y al comer
la fruta como a él te niegue.

Con su llama Mongibelo
te abrase en su boca muda,
un aire levante el cuello

que esas tus alas sacuda
con que subes a mi cielo.
 Déte finalmente guerra
cuanto en medio el cielo encierra,
y aun no sé si bastarán
según males en ti están
el aire, fuego, agua y tierra.

Leonora   Grandes son tus maldiciones.
Tu prisión, sin duda, es causa;
que los tristes corazones
cuando la locura apausa
disminuyen sus pasiones.

Bertilo   Toda tu antigua amistad
en odio la has convertido.

Ausonio   En esto dices verdad;
mas por agora has perdido
para mí lo que es lealtad.
 No me quejo ni me espanto
de que me tengas en poco,
de que acrecientes mi llanto,
de que me tengas por loco,
de que me persigas tanto.
 Todo lo pospongo agora.
Al saber cierto, señora,
que es vuestra muerte mentira,
aquesto solo me admira
cuanto mi pecho os adora.
 Pero si discreto fuera,
no creyera que a su ley
os sujetó muerte fiera;
mas vi la firma del rey

y obligóme a que creyera.

Fenisa (Aparte.)   (¿Si es la firma que perdí
la que dice? ¡Ella es sin duda!
Porque él estaba allí.
¡Oh, Verdad, si andas desnuda,
no te vistas para mí!)

Ausonio   Pero la firma real
no era bastantes señas
aunque mis ojos la vieran;
que los cielos la hicieran
más copioso y general.
    Todos burlan de mi intento
y así mi pecho imagina
que en esta pasión que siento
sola vos, por ser divina,
entenderéis mi tormento.
    Es mi pena tan altiva,
mi confusión tan esquiva
que perdiera la esperanza
si en la contraria mudanza
no estuviera el veros viva.
    A mis sospechas imito
porque a pesares de tantos
en veros mi muerte he visto.
Otros resucitan santos
y yo loco resucito.

Bertilo   Tu majestad no consienta
dejarle ver a la infanta
porque más dolor no sienta.

Ausonio   Con esa piedad levanta

76

tu corazón más mi afrenta.
¡Vive Dios, que ya no puedo,
confuso de tal enredo,
sufrir, traidor, la cautela
de tu vida! Quitaréla
pues vivo sin ella quedo.
Desharéte entre estos brazos
porque en mejor ocasión
un tiempo te daba abrazos.
Eres otro Galalón;
morirás hecho pedazos.

Ricardo   A veces le suele dar
                 este furioso accidente.
                 Mándalo, señor, atar.

Ausonio   El mundo no tiene gente
                 que me pueda aprisionar.

Floriseo   Más sano será, señor,
                 amansarle por amor;
                 pues sus locuras se ven.
                 Porque, los locos por bien;
                 los villanos por rigor.

Rey   Fenisa, amansar procura
                 su furiosa condición
                 pues nació de tu hermosura,
                 solamente la ocasión
                 es tu fama y su locura.

Fenisa (Aparte.)   (Y aunque de solo agora nace
                 una pasión que deshace
                 mi locura desgraciada.)

Dame, señor, esa espada.

Ausonio   A vos, mi bien, sí me place.

(Híncase de rodillas a darle la espada Ausonio.)

Y aún holgara que con ella
me diera muerte esa mano;
que gustara padecella
porque quedará más sano
recibiendo muerte de ella.
    Si esas manos me la dan,
me será gran beneficio
y aquí juntos estarán
en mi humilde sacrificio
ángel, Isaac y Abrahán.
    Solo pido que no borre
el tiempo que aprisa corre
la memoria de mi fin.

(Llegan a prenderlo.)

Rey   Porque contemple el jardín,
metedlo en aquesta torre;
    que es su mal melancolía
o al menos de ella procede.

Ausonio   Plegue a Dios que llegue el día
donde mi cuerpo se quede
sepultado aquí en Hungría.

Bertilo   Pasado aqueste accidente
con el castigo presente,
será contento. Tratallo...

Ausonio   Ningún rey de su vasallo
             hacer un amigo intente.

(Llévanlo preso todos los que allí estaban sino es los que aquí hablan.)

Rey   No le mostréis aspereza
             que aunque el pecho muestre doble,
             obra al fin Naturaleza
             y por estar loco un noble
             no pierde de su nobleza.

(Vase.)

Lisarte   Extremado fue el amor
             que le puso en [tanto] rigor.

Floriseo   El propio suceso temo
             porque ha llegado al extremo
             la causa de mi dolor.

(Vanse Floriseo y Lisarte.)

Fenisa   De un sueño grave recuerdo.
             Soñé que no le aborrezco
             ni mi esperanza no pierdo
             que loco no me parezca,
             que lo tenga al fin por cuerdo.
                 Despierta. El Amor me empeña
             que mi tormento aniquila,
             pero yo he de ser Sibila
             que adivina cuando enseña.
                 Leonora, dame consejo
             que me remedie con tiempo.

Leonora	Al breve tiempo lo dejo porque no hay mejor espejo que algún discurso de tiempo. Y, pues es medio mejor para que la mano des al que pretende tu amor, de espacio verás mejor lo que de prisa no ves.
Fenisa	Dices bien; que así veré cómo podré remediarme.
Leonora	Vida alegre Amor te dé.
Fenisa	Antes él ha de matarme o tornar loca mi fe. Por eso que me verás tan constante, firme y fuerte; que el tiempo, aunque pueda más, su locura ni mi muerte me podrán volver atrás.
(Vase.)	
Leonora	Ni a mí me podrán volver. Amor no debe de ser éste que me trae inquieta. Y pues que ésta, aunque discreta, aún no lo ha echado de ver, aunque en fuego me consumo, que es muy pequeño presumo el que me quema y abrasa, pues que dentro de mi casa

80

aún no han divisado el humo.

(Vase.)

Fin de la segunda jornada

Jornada tercera

(Sale Ausonio a un balcón.)

Ausonio   Tú, que pudiste merecer el lauro
con que la antigua Creta
tu fama celebró y ornó tu frente;
tú, que encerraste con facción discreta
al grande Minotauro,
estupendo martirio de la gente;
tú, que después a aquel griego valiente
con sabio modo, con galán instinto,
por una sutil hebra
que Ovidio entre sus versos la celebra
enseñaste a salir del laberinto.
Tú, que a las aves con razón igualas
rompiendo el aire con ligeras alas,
de esta prisión me quita
con alas que mi Sol no las derrita.
   Verás que entre mis penas y martirios
mi cuerpo se convierte
en una estatua, símbolo que lloro,
pues ha de ser la estatua quien su muerte
[dio] al rey de los Asirios.
Mi amor es la cabeza y ésa es de oro
pues tal valor alcanza la que adoro.
En todo le parezco al loco pobre
que viéndola así, ingrata,
mi fe ha sido menor cuerpo de plata,
mis esperanzas son piernas de cobre.
Escucha a aqueste Sol, detén tu carro,
que han sido mis intentos pies de barro
y aqueste ser alcanza
mi amor, mi fe, mi intento y mi esperanza.

(Sale Licio, criado de Ausonio.)

Licio	Que no le hallaré sospecho,
	ninguno me ha dicho de él.
	¡Oh, venida sin provecho,
	pues su esperanza, yo y él
	pedazos nos hemos hecho!
	¿Por quién podré preguntar,
	que Ausonio no he de llamar
	a quien se estimó tan poco?
	¿Preguntaré por un loco
	o por un firme en amar?
Ausonio	¡Licio!
Licio	¿Señor?
Ausonio	¿Dónde vas?
Licio	¿Adónde? A solo buscarte.
Ausonio	Nunca, Licio, me hallarás.
	A Tracia puedes tornarte.
	No me busques, Licio, más.
Licio	Buena tienes la cabeza
	después que con aspereza
	volviste en amor el seso.
	Di, ¿qué haces?
Ausonio	Estoy preso.
Licio	¿Por qué?

Ausonio	Por tener firmeza.
Licio	¡Por Dios, que es grave delito!
	Será la prisión del alma.
Ausonio	De esa prisión resucito
	con desengaño, por palma
	de la muerte que me quito.
	Ya, Licio, aquesa prisión
	no da la misma pasión.
	Hay en mí nueva mudanza.
	Fue prisión sin esperanza
	y agora sin galardón.
	Sin la esperanza perd[ía].
	Fue la causa, si me acuerdo,
	que la infanta muerto había;
	mas yo la esperanza pierdo
	por ver que la muerte es mía.
	Viva está. Mira si hay bien
	igual que los cielos den.
	Muerto estoy. Mira si hay mal
	que den los cielos igual
	a quien los sufre tan bien.
	Puestas están en un peso
	mi vida y mi muerte, Licio.
Licio	Si ya me declaras eso,
	pensaré que estás sin juicio
	y que por loco estás preso.
	Dímelo por otro estilo.
Ausonio	Pues, escucha.

Licio	Acaba, dilo.

Ausonio	Fue la muerte testimonio.
	Bertilo, el conde, es Ausonio;
	yo soy el conde Bertilo.

Licio	¡Vive el cielo, que está loco!
	¡Oh, pobre señor de Tracia,
	cómo lo has gozado poco!
(Aparte.)	(Quiero encubrir su desgracia
	por saberla poco a poco.)
	¡Oh, desdichado señor,
	un muevo mal y dolor!

Ausonio	Al fin, Licio, como digo
	de mi vasallo y amigo,
	es príncipe y es traidor.
	Vine a Hungría como viste
	que mi Fenisa me puso;
	vi que en ella vida asiste;
	quedé, viéndola, confuso.
	Ya estoy loco, preso y triste.
	Aunque muerta la hermosura
	hace que el galán reciba
	—¡ah, engaño que en él dura!—
	que ha dado en decir que es viva.
	¿Hay más extraña locura?
	Aunque esta pasión es tanta,
	lo que más mi mal levanta
	porque en él se junta todo,
	es ver que no tenga modo
	como escribir a la infanta.
	¿Podrás llevarle un papel?

Licio (Aparte.)	(Loco está. No oso decillo
	o mi tire algún ladrillo.
	Quiero decirle que escriba;
	que, pues el rey le ha encerrado,
	furioso debe de estar
	o loco desesperado
	si [en] esto viene a parar
	el perfeto enamorado.)
	Pues, viva dices que está,
	[así] ese papel me da.
	Remediaré tu deseo.
(Aparte.)	(¿Hay en la ciudad correo
	que quiera llegarse allá?)
Ausonio	¿Cómo se lo piensas dar
	sin que ninguno lo impida?
Licio	Procuraréla hablar.
(Aparte.)	(Carta para la otra vida,
	¿quién jamás vido llevar?)
Ausonio	Aguarda, te la daré.
Licio	¿Está escrita?
Ausonio	En la prisión
	desde el punto que aquí entré,
	dio sangre mi corazón
	con que las letras firmé;
	mas fue billete borrado
	y yo con él me he quedado
	porque en él mi fe se pinta
	y así con la negra tinta
	saqué de él este traslado.

Pero si mi dicha es tal
que aquél celestial valor
se me muestre celestial,
ella verá al borrador
como propio original.

Recibe aqueste papel
que en él fundo mi esperanza
por ser tan frágil como él,
de ella nació esta mudanza,
mi primer engaño de él.

Por darle al conde Bertilo,
otro papel como a ti
colgué mi vida de un hilo,
origen que merecí
del mal con que me aniquilo.

Por ser el conde traidor,
perdí mi intento y honor,
mi esperanza y mi jüicio,
todo mi bien, y al fin Licio,
solo me quedó el amor.

Este amor pongo en tu mano
por medio de este papel.
Mira que el medio es liviano
y que ya han asido de él
con principio no muy sano.

Y, pues solo amor me queda,
para que ella amarme pueda,
de mi vida, sombra y parte
no quieras con descuidarte
quitarme lo que me queda.

Aquí esperándote estoy
si es que agora estoy en mí,
pero en ti consiste que hoy
o vuelva a ser lo que fui

o acabe de ser quien soy.

Licio (Aparte.)   (¿Hay lástima como aquésta?
                    Responderle no me atrevo
                    pues que su locura es ésta.)
                    Señor, el billete llevo.

Ausonio   Procura, pues, la respuesta.
                        Llámame cuando vinieres.

(Métese Ausonio dentro.)

Licio   ¡Oh, pobre príncipe Ausonio!
                    Loco por solo amor eres.
                    Más mal hace que el demonio
                    la mejor de las mujeres.
                        Dejó obsequia celebrada
                    en Tracia como en Hungría.
                    Vido la carta firmada
                    del rey donde le decía
                    de su muerte desgraciada.
                        Y decirme que no es muerta
                    razón de locura cierta.
                    No sin causa está encerrado;
                    que el estar aprisionado
                    hará que su mal advierta.
                        A Bertilo quiero ver
                    porque de él podré saber
                    su locura y presunción
                    y haréle una invención
                    con que pueda responder.

(Sale Fenisa y dice.)

Fenisa	Con tus ansias infinitas
	me fuiste, Amor, ensalzando
	y agora a Dédalo imitas;
	que a un loco me vas llegando.
	Señal que me precipitas.
	Quiero buscar un criado
	de los que trujo este conde
	y de él sabré mi cuidado.

| Licio (Aparte.) | (Yo quiero saber a dónde |
| | Bertilo está aposentado.) |

| Fenisa | Buen hombre, ¿sois del lugar? |

Licio	Hoy acabé de llegar
	de Tracia; que fui criado
	de éste que fue malogrado
	que así lo puedo llamar,
	de éste cuya fe y amor,
	porque no le tuvo poco,
	le ha puesto en tanto rigor
	que ha venido ya a estar loco,
	trocado de su dolor.

| Fenisa (Aparte.) | (Su fe fue mucha, mas de [ella] |
| | me ha añadido a mí otra tanta.) |

Licio (Aparte.)	(No he visto mujer tan bella.
	A no estar muerta la infanta,
	sospechara que era ella.)

(Vase.)

| Fenisa | Ya, esperanza, no sois buena. |

Salid ya de mi memoria
que mi desgracia lo ordena.
Si esperanza no hay en gloria,
no la ha de haber en mi pena.

    Para siempre habré perdido,
pues que de cierto he sabido
que es loco su proceder.
Para poderlo querer
quisiera estar sin sentido.

    Mas, ¿qué digo? Loca estoy,
y ojalá que más lo fuera
pues imitando el error
ya no soy lo que antes era.
Renovado Fénix soy.

    Cómo mísera crüel
romperé mi firme pecho
porque no viva con él.
Salga mi amor sin provecho
no salga la causa de él.

    Y si yo la causa [fui]
de que [yo] loco esté así,
sacaréme sangre de ella
diciendo, «Loco», a bebella
para vengar[me] de mí.

    Mas no, que mi sangre es parte
de un pecho de males lleno,
y si sangre quiero darte,
será mi sangre veneno
con que acabe de matarte.

(Sale el mercader.)

Mercader   Dejóme tan obligado
en el contrato pasado

su alteza que me atreví
a buscarle este rubí
por ser de valor doblado.
   Vuestra alteza lo reciba
sin ningún premio ni tasa.

Fenisa (Aparte.)   (Olvidando mi mal iba;
mas éste mi vieja llaga
de nuevo hace que viva.)
   Engañador lapidario,
que como falso corsario,
¿te parece que no medras
si a revuelta de tres piedras
no matas algún contrario?
   Nacido de la maldad,
sucesor del mismo engaño,
hijo de la falsedad,
causa de todo mi daño,
robador de la verdad,
   ¿qué bien o gusto sacaste
cuando una vez me engañaste?

Mercader   Aplacarte determina.
Mira que fue piedra fina
la que entonces me compraste.

Fenisa   No es, falso traidor ingrato,
el engaño que aquí toco
en la piedra ni en el trato.
Es que el retrato de un loco
diste por otro retrato.

Mercader   Hermosa señora, advierte
que en eso no te engañé.

Infórmate de otra suerte
y si de Ausonio no fue
quiero que me des la muerte.
  Dentro de Tracia nací.
En ella siempre lo vi.
Muchas piedras le llevé.
Yo mismo le retraté.
Su retrato es el que di.

Fenisa (Aparte.)   (¿Qué es esto, ciega afición?
¿Vas descubriendo la venda
que pones a la razón?
¡No hay persona que te entienda!
¿Puede haber más confusión?
  ¿No me dijo agora un hombre
de los vasallos del loco
que era loco su renombre?
¿Cómo en espacio tan poco
este hombre le mudó el nombre?)

(Salen Bertilo y Ricardo.)

Bertilo   Viniste a tiempo, Ricardo;
que en este fuego en que ardo
quitaste mi mal y afrenta
como el Sol cuando ahuyenta
con su luz el nublo pardo.
  Pero en ésta, mi pasión,
temo perder la ocasión;
que me trae por mi deseo
como el cordel de Teseo.
¿Puede haber más confusión?
  También mi tormento crece
desde el punto que miré

	el Sol que en ti se escurece.
Ricardo	Digo, señor, que tu fe cualquier galardón merece.
Fenisa	¿Éstos, conoces quién son?
Mercader	Son de mi propia nación. Éste es el conde Bertilo.
Fenisa (Aparte.)	(¿Hay más enredado estilo?) ¿Puede haber más confusión? Luego, ¿no es Ausonio?
Mercader	No, porque le conozco yo como me conozco a mí.
Fenisa	¿Y a aquéste conoces?
Mercader	Sí, que muchas veces me habló.
Fenisa (Aparte.)	(O es ésta alguna invención que por su disculpa ha puesto, o es el fin de mi pasión.) Ven conmigo.
Mercader (Aparte.)	(¿Qué es aquesto? ¿Puede haber más confusión?)

(Vanse Fenisa y el mercader.)

Bertilo	Muéstrase Fenisa ingrata,

la duquesa me maltrata,
contrarios me son los cielos,
el rey tiene de mí celos,
y el casamiento dilata.
　　Temo en tanta dilación
no sepa el rey la traición
y de mí se vengue él mismo.
Dudo, al fin, en este abismo.
¿Puede haber más confusión?

(Sale Leonora sola.)

Leonora (Aparte.)　　　(No sosegaré jamás
mi cansado pensamiento.
Tú, Amor, la muerte me das
pues me das atrevimiento
para que me pierda más.
　　A Ausonio di el corazón,
mostróme alguna afición,
volvió otra vez a negalla.
¿En qué troyana batalla
puede haber más confusión?
　　Aquí está mi pena y gloria.
¿Llegaré? Tengo temor.
Alivia, Amor, mi memoria.
Yo llego. Venció el Amor.
¡Victoria, temor, victoria!)
　　Ingrato del alma mía,
¿hasta cuándo mi deseo
será como fantasía?

Bertilo　　　　　　　Leonora, no soy Fineo.
No me persigas, harpía.
　　No te venza el afición;

que la luz de la razón
en los nobles resplandece.

Ricardo (Aparte.)   (Yo adoro la que aborrece.
¿Puede haber más confusión?)

Leonora   Si te adoro y quiero más,
¿por qué tanta ingratitud?
¿Tan presto olvidado me has?
Mira que no es virtud
volver tu palabra atrás.

(Híncase de rodillas.)

    Vuelve las agudas puntas
de la piel de tu fiereza
contra el mal de que despuntas;
que ingratitud y nobleza
nunca pueden estar juntas.
    Desde el punto que te vi
el alma y vida te di,
mira si fineza es tal
que adoro mi propio mal
por solo nacer de ti.
    A darme un favor disponte
porque me subas con él
en el más alto horizonte
y allí lloraré [fiel]
hasta que allane tu monte.

Bertilo   No tal renombre me des.
Levanta, no humilles tanto
sangre que de reyes es.

Leonora   Harto, Ausonio, me levanto.
                       El humillarme a tus pies...

(Levántase [ella] e híncase de rodillas Bertilo.)

Bertilo   Sabes como te aborrezco,
                       sabes que por ti padezco
                       y en mi pasión amorosa
                       no merecí por esposa
                       la que por diosa merezco.
                          Hágote pleito homenaje
                       que mi honor recibe ultraje
                       y mis ojos mil enojos
                       por tu cara, por tus ojos,
                       por tu honor, por tu linaje,
                          por la sierra cuya cumbre
                       donde colocada estás,
                       por el cielo y por tu lumbre,
                       ique no me persigas más
                       ni me des más pesadumbre!
                          El rey te quiere y adora.
                       Advierte, ingrata Leonora,
                       que ha formado de mí celos
                       y el Sol de sus claros cielos
                       sospechosas nubes dora.
                          Leonora, mira quién eres
                       y olvídame si me quieres.
                       Mírame con tu desdén
                       y entonces te querré bien
                       cuando más me aborrecieres.

(El rey está escuchando la plática.)

Rey (Aparte.)   (iOh, simulacro gallardo!

Más celos no he de formar.
¿Qué más fe de Ausonio aguardo?
A Fenisa le he de dar.
Ya me parece que tardo.)

[Sale el rey.]

   Honra de Tracia y Hungría,
hoy honras la propia mía
con ese claro lenguaje;
que el que es de claro linaje
mal puede hacer villanía.

(Vase.)

Leonora   ¡Escucha, roca del mar!
                     ¡Oye, monte inaccesible!

Bertilo   Yo no te puedo escuchar,
                     Leonora, no seas terrible.

(Vase.)

Leonora   ¿Qué? ¿No te puedo ablandar?

Ricardo (Aparte.)   (Su aljófar derrama el alba
                     celebrando mi afición,
                     y pues que el amor me salva,
                     coger quiero esta Ocasión
                     antes que vuelva su calva.)
                     ¿Y así con pasión y enojos
                     das al suelo los despojos?
                     Sabrémosle de adorar
                     y no podremos andar

regándolo vuestros ojos.
    Dejad, señora, ese llanto,
que yo me obligo a hacer
que os adore y quiera tanto
como el mismo ánimo y ser
que le infundió el cielo santo.
    Haré que con afición
esta noche en tu balcón
tu conversación reciba
y aún haré que suba arriba
para más conversación.

Leonora   ¿Qué dices?

Ricardo   [Lo que querrás].

Leonora   ¿Que eso, Ricardo, podrás?

Ricardo   En señal de que es muy llano
te doy, señora, esta mano
que cumplido lo verás.

Leonora   ¡Oh, mi Ricardo! Imagina
que estriba el fin de mi daño
en tu traza peregrina.

Ricardo (Aparte.)   (¡Quién estuviera así un año!
¡Oh, blanca mano divina!)
    Y aún haré, mira qué digo,
que como grato y amigo,
si le echares una escala,
subirá arriba a tu sala
para casarse contigo.

Leonora	Mucho con tu industria gano.
	Será mucha novedad
	hacer eso aquel tirano.

| Ricardo | En fe de que esto es verdad |
| | te doy, señora, otra mano. |

Leonora	Yo la recibo gozosa.
(Aparte.)	(¡Que tengo de ser su esposa!
	¡Tal Ricardo ha de poder!)

Ricardo	Su esposa tienes de ser.
	¿Quieres, señora, otra cosa?
(Aparte.)	(¡Oh, qué mano!)

| Leonora | Al fin, Ricardo, |
| | ¿que lo aguardo en el balcón? |

Ricardo (Aparte.)	(¡Por Dios, que me hielo y ardo!)
	Sí, señora. (Esta ocasión
	para mí solo la aguardo.)
	A avisarle voy que estás
	prevenida.

| Leonora | ¿Y le dirás |
| | mi pasión al inhumano? |

| Ricardo | ¿Es menester otra mano? |
| (Aparte.) | (¡Oh, por qué fe no me das!) |

| (Vase.) | |

| Leonora | Si esto hace este criado, |
| | tendréle que agradecer |

y tendré por declarado
que no alcanza una mujer
lo que un hombre si es honrado.

(Sale Fenisa con el mercader.)

Fenisa   ¿El preso al fin, Mercader,
es el príncipe?

Mercader   Es así.

Fenisa   Pues vete y vuélveme a ver
cuando enviare por ti.

Mercader   Y aun antes pienso volver.

(Vase.)

Fenisa   Leonora, ¿en qué te entretienes?

Leonora   ¡Oh, Fenisa, a tiempo vienes!

Fenisa   ¿Para qué?

Leonora   Quería buscarte,
y aunque tarde, darte parte
de mis males y mis bienes.

Fenisa   ¿Qué es tu bien y qué es tu mal?

Leonora   Ha días que quiero bien.

Fenisa   ¿Y eso es tu bien y tu mal?

Leonora	Querer yo bien es mi bien.
Fenisa	¿Tu mal?
Leonora	Que me quiere mal.
Fenisa	¡Bueno a fe! Yo apostaré quién es él.
Leonora	Sí, lo sabrás, porque en tu rostro verás las estampas de mi fe.
Fenisa	¿Es Ausonio?
Leonora	El mismo.
Fenisa	[Haré, pues], que ése tu esposo sea.
Leonora	Beso, Fenisa, tu pies.
Fenisa	Quiero hablarle. No te vea, pero no importa. Después...

(Salen Ricardo y Bertilo.)

Ricardo	La duquesa me ha mandado pedirte en su nombre un ruego.
Bertilo	¿Y es?
Ricardo	Que después de casado le des palabra que luego

	la querrás.
Bertilo	Hame agradado.
	Déjeme ella desposar,
	que si el cielo da lugar,
	la querré.
Ricardo	Agora le di
	que lo que le prometí
	lo tienes de confirmar.
Bertilo	Que me place.
Leonora	Industria es ésa
	para darte regocijo
Fenisa	Hazle, pues, venir de priesa.

(Vase Leonora y al pasar la dice Bertilo.)

Bertilo	Lo que Ricardo te dijo
	será, sin duda, duquesa.
Leonora	¿Que lo tienes de cumplir?
Bertilo	No tienes más que decir.
Leonora	¿Voy segura?
Bertilo	Y sin sospecha.
Leonora	¿Querrás?
Bertilo	Sí.

Leonora ¿Satisfecha?

Bertilo Satisfecha puedes ir.

(Vase Leonora y llega Bertilo y le dice a Fenisa.)

Bertilo Desgraciado en parte he sido
pues estando en tu palacio
no he gozado o merecido
poder hablarte de espacio
ni el tiempo lo ha concedido.
Y así en aquesta tardanza
me concedió la esperanza
lo que puede mi memoria,
que al fin se mantenga gloria
con fe, y esperanza alcanza.

Fenisa No ha sido poco interés
que esos tus ojos no vean
esa gloria que en mí ves,
pero lo que más desean
estiman en más después.
Y darte agora ocasión
que hablar aquí no es razón,
pues que la tienes tan cierta;
mas ve esta noche a la huerta.
Me hablarás en el balcón.

Bertilo Cumpliré lo que me mandas.

Fenisa Allí esta noche te espero.

Bertilo (Aparte.) (¿Cómo albricias no me mandas,

Amor, pues un pecho fiero
con dos palabras ablandas?
  ¡Oh, Sol, que volviste atrás
por Josüé tus centellas,
cuatro líneas y algo más
desquítate agora de ellas
y el mismo bien me darás!)

Ricardo   Licio ha venido.

Bertilo   ¡Oh, crüel,
inquieta y varia Fortuna!
Perdidos somos por él.

Ricardo   No tengas pena ninguna.
Déjame a solas con él.

(Vase Bertilo y sale Licio.)

Licio   Caminé con prisa tanta
que estoy molido y confuso
pero lo que más me espanta
es que he visto poco luto
por la muerte de la infanta.

(Licio y Ricardo muestran que hablen secreto. [Fenisa se pone aparte].)

Fenisa (Aparte.)   (Si el cielo ayuda agora
y esta noche al balcón va,
en mi lugar a Leonora
la mano se la dará.)

Ricardo   ¡Ah, [Licio!] ¿Viniste agora?
  Huélgome de verte a fe.

Licio	El cielo vida te dé.
Ricardo	Al fin, ¿que vienes de Tracia?
Licio	Sí.
Ricardo	Supiste la desgracia de tu señor?
Licio	Ya la sé. Loco está.
Ricardo (Aparte.)	(Siempre lo dije.)
Licio	Con su venida molesta con que su pena corrige.
Ricardo	Piensa que Fenisa es ésta y con esto no se aflige; mas el rey, como esto advierte, mandó so pena de muerte que ésta Fenisa se llame y así la llaman; [que él ame] y de su sueño despierte.
Fenisa	¡Hola!
Ricardo	¿Llamas a mí?
Fenisa	No.
Ricardo	Licio, a ti te llamó. Después te veré de espacio.

(Vase.)

Fenisa	Por todo aqueste palacio
	te he mandado buscar yo.
Licio	¿Y qué me quieres?
Fenisa	Saber
	lo que volvió al conde loco.
Licio	Nadie le basta entender.
	¿Qué conde dices?
Fenisa (Aparte.)	(¡Ya toco
	las puertas de mi placer!)
	¿Tú dices que eres criado
	de este conde?
Licio	Haste engañado.
	De Ausonio yo lo confieso,
	el que por loco está preso.
Fenisa (Aparte.)	Di, ¿qué es esto? (¡Cielo airado!)
	¿De qué procedió su mal?
Licio	Pues agora, ¿no lo sabes
	siendo del palacio real?
Fenisa	Como son cosas tan graves
	no he alcanzado a saberlas.
Licio	Dice que tu infanta es viva.
Fenisa (Aparte.)	(La voz y el aliento me priva

esta confusa razón.)
¿Luego la infanta no es viva?

(Aparte.) (¿Puede haber más confusión?)

Licio   ¿Para qué es eso, señora?
             Ya yo sé que el rey ordena
             que os llaméis Fenisa agora
             para remediar su pena.
             Pues, ¿conmigo?

Fenisa   Si el Sol dora
                la nube y da claridad
             ¿cómo el Sol de la verdad
             no alumbra y dora la nube
             pues ella misma allá sube
             a darle su oscuridad?
                La infanta es viva te digo.
             ¡Si te engaña algún traidor!
             Yo soy Fenisa, yo, amigo.

Licio   Eso allá con mi señor;
             que no, señora, conmigo.

(Aparte.)   (Pero, ¿qué más ocasión
             para hacer una invención
             con que su pena aliviara?
             El billete quiero darle.)

Fenisa   ¿Puede haber más confusión?

Licio   [...]
             mi señor, recibas ésta
             y le des una respuesta
             como quien le quiere y ama.

Fenisa	Sentiré gozo infinito
	de ver lo que viene escrito.
(Toma la carta y lee.)	«Al principio y ocasión
	de mi locura y prisión.»
	¡Amoroso sobrescrito!
	«Razón será, bella ingrata,
	que para enjugar mis ojos
	en mi cara recibieran
	esos rayos de tu rostro.
	Entre ellos me puso Amor,
	como suelen ante Apolo
	las águilas a sus hijos,
	para saber si son otros.
	Ellas conocen los suyos
	en ver que sus rayos de oro
	tienen los ojos abiertos
	resistiéndolos a todos.
	Mas él los suyos conoce
	viendo que vierten despojos,
	señal que mis ojos vido,
	ojos no fuentes y arroyos.
	Lloro tu enojo y crueldad,
	tu mucha beldad adoro
	para que a mi propio fuego
	se apague mi llanto propio.
	Pero como nunca el llanta
	de amor se destila solo,
	mil suspiros le acompañan
	que dan a mi fuego soplos.
	Mira qué pasiones éstas
	para dar consuelo y gozos:
	crueldad, beldad, llanto, fuego,
	amor, suspiros y enojos.
	Ellos gobiernan mi vida,

ellos sirven de pilotos
porque es mi vida una barca
a pique de dar a fondo.
Lloré tu muerte en mi tierra
y agora tu vida lloro
pues trayéndome en la tuya,
me tiene[n] preso y por loco.
¡Oh, si permitiera el cielo
hacerme en esto dichoso;
que siendo loco de veras
mis males sintiera poco!
Tiéneme el rey encerrado
cual otro tuvo a su monstruo,
¡plegue a Dios, Fenisa mía,
no muera yo como el otro!
Aunque mis males son largos,
quiero en contarlos ser corto.
Adiós, ingrata Fenisa,
que no puede más Ausonio.»
    ¡Oh, letras de mi consuelo!
Remembración de la palma
que justamente poseo,
yo siento en el pecho y alma
si con los ojos os veo.
    Borradas, algo os envía
el loco del alma mía,
señal que con sus enojos
no descansaban sus ojos
cuando la mano escribía.

(Sale el rey.)

Rey   Fenisa hermosa, prevente;
                       que mañana has de casarte.

Fenisa	No tan presto, así en tu frente
	el lauro esté con que Marte
	ciñe la del más valiente.
Rey	¿Por qué dilatarlo quieres?
Fenisa	Por ver que el alma me hieres.
Rey	Ya pedís, y ya rogáis,
	ya os desdecís, ya negáis.
	Nadie os entiende, mujeres.
	Por fuerza ha de ser mañana.
	Prevente.

(Vase el rey.)

Fenisa	De buena gana.
(Aparte.)	(Mas, ¡ay!, que no ha de ser buena
	prevención si ya de pena
	allá llego viva y sana.)
	Dejar no podré al que adoro.
	¡Oh, rey crüel! Tú no traes
	todo el fenicio tesoro,
	las lágrimas del que traes
	con todas sus puertas de oro.
	Si traes la manzana santa
	que hizo a Troya horrío,
	collándole sangre tanta
	y la que en su desafío
	hizo perder Atalanta.
	Mi pretensión es aquésta.
	Será mi boda funesta
	si me fuerzas a tu ley.

Aquesto le digo al rey,
esto le doy por respuesta.)
 Di que con él en prisión
tengo el alma y que no pare
en mi fe y su pretensión.

Licio

¿No hay quién de esto me declare?
¿Puede haber más confusión?

(Vase Licio y sale Floriseo.)

Floriseo

 Símbolo de [la] crueldad
y prólogo de belleza,
dueño de mi libertad
y alma de naturaleza,
ejemplo de liviandad,
 figura y obra divina
con precisión peregrina,
hermosura soberana,
condición menos que humana
de mi tormento malina,
 rostro y gracia celestial,
alma de duro diamante
en cuerpo de pedernal,
¿cómo quieres a otro amante
sin dar remedio a mi mal?
 Todos dicen por la casa
que el rey mañana te casa.

Fenisa

¿Yo te olvido?

Floriseo

 Sí.

Fenisa

 ¿Por qué?

Floriseo	¿No me has querido?
Fenisa	¡O fue que burlando todo pasa!

(Vase.)

Floriseo	Aunque más huyas de mí, si te irás, falsa sirena, siempre he de ser el que fui; pues por ti estoy en pena gimiendo iré tras de ti.

(Vase y sale Ausonio al balcón.)

Ausonio	¿Con qué no estará afligida un alma casi perdida, temerosa, enamorada, confusa, presa, olvidada, y a punto de estar sin vida? Ya no soy quien antes era. Tuve en otro tiempo nombre. Soy una sombra primera de quien dejó de ser hombre porque otro príncipe fuera. Soy sueño de una ficción, memoria de un galardón que en sueños por mí ha pasado. Al fin solo me he quedado. ¡Oh, varia imaginación!

(Sale Licio.)

Licio	La firmeza con lealtad,
	el sufrir hoy si os asientan,
	el poder con humildad
	son Atlantes que sustentan
	el cielo de la verdad.
	Tan firme, señor, has sido,
	tanta humildad has tenido
	que tu Fenisa responde
	que te quiere a ti y no al conde.
Ausonio	Conde, no. Ausonio fingido.
	¿Dístele al fin el papel?
Licio	Sí, señor?
Ausonio	Amigo fiel
	has sido en esta ocasión.
	Dejar quiero esta prisión,
	para mí tan larga y cruel.
	Pues el alma he libertado
	de la prisión en que ha estado,
	no es razón el cuerpo esté
	preso aquí. Basta que fue
	en la prisión del cuidado.
	Traeme, Licio, una escalera
	antes que anochezca, aquí.
Licio	¿Qué quieres? Di.
Ausonio	[Lo que quiera.]
Licio	¿Estás en ti?
Ausonio	Estoy en mí.

Licio	¿Quién eres?
Ausonio	El que antes era.
Licio	¿Fuérzate al fin la afición a que dejes la prisión y a que viva y a que muera? ¿Dónde he de hallar escalera? ¿Puede haber más confusión?

(Vase.)

Ausonio	Con esta dichosa suerte gloria y vida habrá después saliendo agora de muerte; que el amor del interés es muy poderoso y fuerte.

 ¿Quién le dio industria tan buena
a Paris sino la joya
para remediar su pena,
perdición total de Troya
la amorosa y blanda Elena?
 ¿Qué industria más ingeniosa
aquél que con nombre eterno,
ni fuerza más poderosa,
descender quiso al infierno
por solo librar su esposa?
 Pena, dolor y otra cosa
ya insufribles, ya ingeniosas,
pasó Jacob y David,
con el gigante en la lid
por solo tales esposas.
 Pues si solo el galardón

disminuye la pasión,
¿cómo ahora el cielo se espanta
que a premio de la infanta
no salga de esta prisión?

(Sale Licio con una escalera.)

Licio	Ya la traigo aquí, señor,
	no con falta de temor.
Ausonio	Esos temoroso modos
	son ordinarios en todos
	los que no saben de amor.
Licio	Temía no me encontrasen
	y pensando ser ladrón
	me prendiesen y azotasen.
Ausonio	Temiste tú con razón,
	yo que sin ella se casen.
	Como fuente me verás
	de la firmeza del suelo
	no poder volver atrás;
	que bajo tomando vuelo
	para subir después más.
	Trae la escalera a su dueño
	y mi palabra te empeño
	que me he de estar disfrazado
	en palacio.

(Vase.)

Licio	Cielo airado,
	¿es ésta visión o sueño?

¿Adónde irá mi señor?

(Sale Bertilo embozado, como de noche.)

Bertilo
No sé si es temprano agora
para alcanzar tal favor.
¡Ah, noche, quien no te adora
no sabe lo que es amor!
    Este es el balcón divino
de mi Fenisa crüel.
Pero no es éste imagino;
que [su] balcón es aquél.
Mas no, que anoche aquí vino.
    Una escala está ya puesta.
Arriba quiero subir;
que quizá es escala ésta
por donde tengo de abrir
cielo que tan caro cuesta.
    Grato se me muestra el cielo;
que más que al padre de Delo
la Fortuna me socorre,
pues hallo hecha la torre
para subir a mi cielo.
    Y si no fuere el balcón
de mi Fenisa, de allí
iré al suyo.

(Vase por el balcón.)

Licio
            Ésta es traición.
Sus intentos entendí.
    La infanta busca Bertilo
por algún extraño estilo.
Bertilo al rey ha engañado.

En laberinto ha entrado
pero yo cortaré el hilo.

(Quita Licio la escalera y vase con ella. Salen tres mozos de caballos y un viejo.)

Mozo 1   ¿Están limpios los caballos?

Viejo   Trae, mozo, ese candil.

Mozo 1   ¿Será menester limpiallos?

Viejo   No, deja el peine y mandil.

Mozo 1   Hoy no hay para qué cuidallos.

Viejo   Tu pensamiento adivino.
                Por menos te azotarán.

Mozo 1   Querrás jugar imagino
                la ración de pan y vino.
                Jamás se la volverán.
                   Dos cosas en mi persona
                el juego ha hecho, por Dios,
                que sustente a mi fregona
                y que bebamos los dos.

Viejo   Y aun eso os hace a vos mona.
                   Como raciones jugáis
                ración a la moza dais,
                y por eso bien os sabe.
                También como a mí le sabe
                la moza [... -áis].

Mozo 2	Dejen esa pesadumbre.
	Hemos de jugar un rato.
	Juguemos, pues, un azumbre.
	Saquen primero barato
	si quieren que les alumbre.
	¿No ves que agora es temprano?
	Después barato daremos.
	El parar es juego llano.
	Eso, copayar. Juguemos.
	Alcemos, pues, por la mano.
	¡Una sota!
Mozo 3	¡Un siete!
Mozo 2	¡Un as!
	El naipe me da la sota.
	¡Nunca la pierdes jamás.
	Jueguen; que voy por la bota.
	Alumbra. Después irás.

(Sale Bertilo al balcón.)

Bertilo	¡Cielo, Fortuna, Ocasión,
	Amor, Desgracia, Deseo,
	Ira, Castigo, Razón!
	¿Es aquesto en que me veo?
	¡Metido en una prisión!
	La culpa traigo conmigo,
	de ella ha de ser el castigo.
	Mi cruel fortuna maldigo
	porque el hombre que ha pecado
	él solo se va al castigo.
	No dice bien yo y Ausonio
	la verdad y el testimonio.

Dios, demonio, extremos dos
porque la verdad es Dios
y la mentira el demonio.
    Al fin triunfó la razón.
Sujetóme la prisión
que a Ausonio tan cara cuesta.
Su propia prisión es ésta.
¿Puede haber más confusión?
    No vi esperanza jamás
que al alma me dé sosiego.
El juego de por demás;
mas iay,! que al fin...

Viejo   Perderás
si dura mucho este juego.

Bertilo   Si este juego mucho dura,
¿perderé?

Viejo   Tu dicha es ésa.

Bertilo   No hay esperanza segura.
¿Dónde tengo el alma?

Mozo 2   Presa.

Bertilo   Presa en esta prisión dura.
    De aquí resulta la muerte.
¿Ya no hay vida?

Mozo 2   ¡Mala suerte!

Bertilo   Mala suerte fue la mía.
¿Cuándo, princesa de Hungría,

	mis ojos pudieran verte?
	Si de ti nace este daño
	y amor me fuerza a su ley,
	¿quién ha hecho el desengaño?
	¿Quién me tiene preso?

Mozo 3   ¡El rey!

Bertilo   ¿El rey? ¡Que sabía mi engaño!
    Para, Fortuna, tu rueda
pues el mal que siempre dio
paró en ella.

Mozo 1   No paró.

Bertilo   ¿No paró? ¿Qué más mal queda?
    Al fin he vuelto a mi centro.
Ninguna disculpa hallo;
mas si salgo de aquí dentro,
¿qué me falta?

Mozo 2   ¡El caballo!

Bertilo   ¿Si encuentro al rey?

Mozo 3   ¡Mal encuentro!

Mozo 1   No vale, que no se puso.

Mozo 2   Sí valen, que sí han valido.

Mozo 1   Valer encuentros. No hay uso.

Bertilo   Allá bajo hay gran rüido.

Agora estoy más confuso.
  Pero así saber podré
si hicieron esta invención
para meterme en prisión
o si acaso me engañé
cuando buscaba el balcón.
  Criados, decid a su alteza
que no me tenga en tan poco,
que haga abrir la fortaleza.

Viejo   ¡Guarda el loco, guarda el loco!
No nos quiebre la cabeza.

Bertilo   Que soy Ausonio, criados.
Mirad que el loco se ha ido.

Mozo 1   Buenos están tus criados.
Desdichado, conde, has sido.

Mozo 2   Son locos enamorados.

Bertilo   Ausonio soy.

Mozo 3   ¡Qué locura!
Su mal crece poco a poco.

Viejo   Siempre da en esta locura.
No hay persona aquí segura.

Mozo 1   ¡Guarda el loco, guarda el loco!

(Vanse huyendo los mozos.)

Bertilo   Ya de sospechas me quito.

Cierto es mi mal infinito
porque el cielo justo ordena
que padezca yo la pena
por do cometí el delito.
    A Ausonio di esta prisión
por quitarle su mujer.
Ella me dio el galardón,
¿pero cómo puede ser
que en Fenisa haya traición?
    Ella fingió darme gusto
y cumplió darme dolor;
mas quejarme será injusto
que hacer traición a un traidor
bien [le] puede cualquier justo.

(Sale Ricardo con la capa de Bertilo como de noche.)

Ricardo

Su capa al conde cogí;
que aun conociéndome así
Leonora, que lo ha querido,
por abrazar su vestido
gustará abrazarme a mí.
    Es traje que en mi tormento
un gusto y contento cobra
de que ella tendrá contento
poniendo en mí el gusto y obra
y en él el entendimiento.
    ¡Ay, Amor! Si me has de dar
algún estorbo o azar;
mas no, que en aqueste medio
el azar ha de ser cedio
y estorbo el poco lugar.

Bertilo

¡Ay de mí!

Ricardo	Quejas oí.
	Sin duda que ésta es Leonora.

Bertilo	¡Que engañado de aquél fui!

Ricardo	Por mi tardanza así llora
	sin querer llorar por mí.

Bertilo	Mi engaño al fin se ha sabido.
	Voló la ocasión veloz.
	Dejóme el tiempo perdido.

Ricardo	O es Bertilo esta voz
	o yo vengo sin sentido.

Bertilo	Mi mal es mucho y no es tal
	el mal que nació del bien
	ni el bien que nació del mal.
	Cosa pública es también
	que ser no puede inmortal.
	Y si de mal ha nacido
	el poco bien que he tenido
	quejarme de él no es razón
	si he venido a esta prisión
	después de haberse sabido.

(Éntrase Bertilo en el balcón.)

Ricardo	¿Esto tenemos agora?
	¿Bertilo está descubierto?
	¡Bercebú lleve a Leonora
	y al bellaco que la adora!
	Tenerme pueden por muerto.

124

¡Mal haya quien me parió,
quien en esto me metió!
Por tener al conde ley
luego manda ahorcarme el rey
si sabe qué callo yo.
    Pero un remedio he hallado
que buena disculpa me es:
como el rey se ha levantado
arrojaréme a sus pies
aunque esté más enojado,
    demandaréle perdón,
disculpando mi intención
y diciendo el caso todo;
porque pienso de este modo
quitar mi muerte y prisión.

(Vase y salen Lisarte y un paje.)

Lisarte   ¿Tanto el rey ha madrugado?

Paje   Un cuidado a un pecho fiel
nunca dejó sosegado,
y así duerme poco él
como tiene más cuidado:
    principalmente el deseo
con que agora se levanta.

Lisarte   ¿Qué procura?

Paje   A lo que creo
es que se case la infanta.

Lisarte   No digas más que el rey veo.

(Salen el rey y Floriseo, y Bertilo al balcón.)

Rey

      Casaránse en este día.
No traigas leyes de Hungría.
Leyes son, y más que leyes
las palabras de los reyes
y así he de cumplir la mía.
      En estos justos empleos
mil juegos y fiestas traza
que aumenten más mis deseos.
Hagan justas en la plaza
y en el palacio torneos.

Floriseo

      Justo será obedecerte.
Tu parecer es muy bueno.

(Aparte.)

(Celebraré de esta suerte
las fiestas del bien ajeno
con obsequias de mi muerte.)

Bertilo (Aparte.)

      (Paréceme que suspiro
por mal que no está delante.
Al rey y a su gente miro
con un alegre semblante
de cuyo gozo me admiro.
      Si mis engaños supiera
más enojado estuviera.
Quizá no los sabrá aún
porque el enojo es común
y el rey también lo tuviera.
      Pero así podré saberlo.)
Haz, rey, que la puerta se abra.
Preso estoy sin merecello.

Rey

Yo te empeño mi palabra

que estoy ignorante de ello.
Corred, Abrid.

(Vanse el paje y Lisarte a abrir.)

Bertilo (Aparte.)   (¡Gran ventura!)

Rey   Admírome con razón
                     ver a Ausonio en la prisión
                     ajeno de su cordura.

(Sale Ricardo y échase a los pies del rey.)

Ricardo   Sacro rey, dame perdón;
                     que nunca yo satisfice
                     el pecho de su traición.

Rey   No sé lo que aquéste dice.
                     ¿Puede haber más confusión?
                       Pero así lo cierto abono.
                     Con él tu frente corono.
                     Perdón te doy, ¿qué reparas?
                     Que si todo lo declaras
                     desde agora te perdono.

Ricardo   El que por loco está preso
                     es Ausonio.

Rey   ¡Acaba, dilo!

Ricardo   No es conde loco y travieso;
                     que mi señor es Bertilo.
                     No hay más. La verdad confieso.
                       Y pues que ya tú lo sabes

y está en tu prisión el conde,
de piedad es bien te alabes
porque siempre corresponde
con las personas más graves.

Rey

Pague el traidor sus errores.
Ruegos no me ablandarán;
que aquéstos que son traidores
luego acuden al refrán
de los yerros por amores.
Tal maldad ha merecido.
Merece muerte y prisión.

(Salen Bertilo y Lisarte.)

Bertilo

Tan burlado, rey, he sido
que he estado yo en la prisión
y el conde loco se ha ido.

Rey

Traidor, el cielo permite
que el velo a tus obras malas
con luz de verdad se quite.
Fueron de cera tus alas
y la verdad las derrite.
Ya he sabido tu traición;
que éste que discreto ha sido
me declaró tu intención.

Ricardo (Aparte.)

(Luego no se había sabido.
¿Puede haber más confusión?)

Rey

No habrá quién tu muerte impida
ni con vida podré verte
porque es deuda muy debida

dar tan mala y torpe muerte
a tan torpe y mala vida.
    Prendí a Ausonio, y sin razón;
mas ¿cómo en buscarlo tardo
para pedirle perdón?

Bertilo (Aparte.)   (¡Qué me descubra Ricardo!
¿Puede haber más confusión?)

(Sale un paje con Ausonio vestido como mozo de caballos.)

Paje   ¡Vaya el loco! ¡Salga fuera!
Bueno es el disfraz a fe
porque no le conociera.
Señor, al conde hallé
vestido de esta manera.

Ausonio (Aparte.)   (Matar este paje no oso;
que a prisión me han de volver
si hago loco furioso.
Pero si loco he de ser,
quiero ser loco gracioso
    y así no me prenderán.)
Señor rey, mas que no sabe
él ni cuantos aquí están
¿cuál es la pluma del ave
que cogió primero Adán?

Rey   ¡Tantas novedades son
para engañar mi deseo
que se ciega con razón!
¿Qué enredo es éste que veo?
¿Puede haber más confusión?

Ausonio	Aquesta cara de hereje
	ya había de estar quemado
	porque en sosiego me deje.
Bertilo (Aparte.)	(Socorro el cielo me ha dado
	para que de él no me queje.)
	¿Has visto, rey, si te engaño?
	Ves si me tienes en poco
	si me tratas como extraño,
	si es Ausonio aqueste loco,
	si a mi honor has hecho daño.
Rey	Digo que tienes razón.
	Dame, príncipe, esos pies
	y justamente perdón
	que de éste la culpa es.
Ausonio	¿Puede haber más confusión?
Ricardo	Yo dije que estaba preso
	Ausonio y en libertad
	[era] el conde loco preso.
	Mira, rey, lo que confieso.
Rey	Digo que dices verdad.
	Que estaba preso me dijo.
	La culpa, príncipe, es mía,
	y así tu dolor prolijo
	en fiestas y regocijos
	se convierte en este día.
	Luego al momento podrás
	con Fenisa desposarte
	y a mí me perdonarás
	y echa el enojo a una parte.

Bertilo	Bastante disculpa das.
Rey	No haya en esto dilación hasta poner los estrados.
Bertilo	¡Gloriosos mis males son!

(Vanse todos y quedan Ausonio y Licio.)

Ausonio	¡Que hoy han de ser desposados! ¿Puede haber más confusión?

Licio	Al rey tu padre escribí
	después que vine y te vi
	por el conde en tal estado,
	y así, príncipe, sospecho
	que vendrá presto por ti.
	    Al tiempo del desposar
	puedes llegar poco a poco
	y la fiesta alborotar.
	Prenderáte el rey por loco
	y al fin te habrás de librar.
	    Esta daga llevarás.

Ausonio	Presto, Licio, la verás con guarnición, punta y filo en el pecho de Bertilo que no será traidor más.

(Vase y suena música. Salen a poner sillas y cojines. Salen después todos a la boda y siéntanse. [Está] muy triste Fenisa.)

Ausonio	¡Qué presto se ha sentado

y a mí lugar no me han dado!
¡Pues, por Dios, que pienso ver
conmigo aquesta mujer
y al señor novio colgado!

Lisarte   Siéntate, loco, en el suelo.

Ausonio   [...]
                       Si la misma gloria toco
                       ni éste es suelo ni soy loco
                       sino cuerdo y éste es cielo.

(Diciendo esto ase el pañuelo de la infanta Fenisa.)

                       ¿Por qué vuestra alteza llora?
                       ¿[Está] enojosa la fiesta?
                       ¿No ve que mi alma adora
                       y tu libertad ignora?

Fenisa   Señor, estoy indispuesta.

(Sale un paje.)

Paje   Albricias, señor, me da
                       porque en tu palacio está
                       en persona el rey Trebacio.

Rey   ¿Tanto bien en mi palacio?

Paje   Subiendo quedaba ya.

Ausonio (Aparte.)   (¡Nuevo bien!)

Bertilo (Aparte.)   (¡Nuevo tormento!)

Ricardo (Aparte.)   (¡Nuevo fin!)

Licio (Aparte.)   (¡Nuevo contento!)

Bertilo (Aparte.)   (¡Nuevo mal!)

Fenisa (Aparte.)   (¡Nueva alegría!

Rey (Aparte.)   (¡Venturoso rey de Hungría!)

Bertilo (Aparte.)   (¡Desdichado atrevimiento!)

(Sale el rey Trebacio.)

Trebacio   Perdone tu majestad
                  el no tener avisado.
                  Disculpa es la brevedad.

Rey   Yo he de ser el perdonado.
                  Las manos, señor, me dad.

Trebacio   Mi estado, gusto y honor
                  acrecentarán las vuestras.

Bertilo (Aparte.)   (Mi semblante y mi temor
                      de mi desdicha y error
                      aprisa están dando muestras.)

Rey   Tu majestad ha venido
                  al mejor tiempo que ha habido
                  en toda mi corte y casa;
                  que la princesa se casa
                  y es Ausonio su marido.

Velo aquí. ¿De qué se espanta?

Bertilo (Aparte.)   (Mi vida cuela de un hilo.)

Trebacio   De que se case la infanta
con éste, conde Bertilo,
que en vano su ser levanta.
   Aquéste, rey, es mi hijo.
Cese tu engaño prolijo.
Éste es un conde traidor.

Rey   En pesadumbre y dolor
se ha vuelto mi regocijo.

Ausonio   Sus yerros, señor, perdona
a quien te besa los pies,
indigno de tu corona.

Trebacio   ¿Qué traje, príncipe, es
aquése de tu persona?

Ausonio   Después daré entera cuenta
de todo a tu majestad.

Rey   Mía ha sido aquesta afrenta
pues descubre la verdad
quien la vida me sustenta.
   Dame, príncipe, perdón
porque con tan bajo estilo
tuve en poco tu razón.

Leonora (Aparte.)   (¡Que mi príncipe es Bertilo!
¿Puede haber más confusión?)

Ausonio	No hay culpa en noble pecho porque este traidor lo ha hecho.
Bertilo	Confieso, rey, mi pecado. A tus pies estoy postrado por dejarte satisfecho.
Trebacio	Su cruel castigo infinito al príncipe lo remito.
Ausonio	Yo a la princesa de Hungría.
Fenisa	Pues, que la sentencia es mía, yo perdono su delito con que case con Leonora.
Bertilo	No en balde mi pecho adora lo que pisa esos pies. Fue mi yerro de interés y así el interés lo llora.
Leonora	Por ser hecho de tu mano, yo, señora, lo concedo si de ello gusta mi hermano.
Floriseo	Nunca yo rehusar puedo a juez que es tan soberano.
Rey	Bien, Fenisa, te acomodas hoy a la justa piedad.
Trebacio	Así tienen de ser todas.
Rey	En pago de esta verdad

háganse luego las bodas.
  Dadle al príncipe vestido.
Quite el disfraz que ha tenido
para encubrir su nobleza.

Ausonio   Siendo hija de tu alteza,
                 poco por ella he sufrido.

Ricardo   También tu perdón me da,
                 pues confesé aunque después
                 volví a negarlo de nuevo.

Rey   Dices bien, yo lo concedo.

Licio   Dame, señor, esos pies.

Trebacio   Licio, del suelo levanta.

Lisarte   Bien es que paciencia tanta
                 se premie con suficiencia.
                 ¡Que a tan subida paciencia
                 tan subida y alta infanta!

(Visten una ropa a Ausonio.)

Ausonio   Ya empieza mi galardón.

Fenisa   Ya acaba mi mal y pena.

Ausonio   Aquí da fin mi pasión.

Ricardo   Si esta comedia no es buena,
                 ¿puede haber más confusión?

                 Fin

Libros a la carta

A la carta es un servicio especializado para

empresas,

librerías,

bibliotecas,

editoriales

y centros de enseñanza;

y permite confeccionar libros que, por su formato y concepción, sirven a los propósitos más específicos de estas instituciones.

Las empresas nos encargan ediciones personalizadas para marketing editorial o para regalos institucionales. Y los interesados solicitan, a título personal, ediciones antiguas, o no disponibles en el mercado; y las acompañan con notas y comentarios críticos.

Las ediciones tienen como apoyo un libro de estilo con todo tipo de referencias sobre los criterios de tratamiento tipográfico aplicados a nuestros libros que puede ser consultado en Linkgua-ediciones.com.

Linkgua edita por encargo diferentes versiones de una misma obra con distintos tratamientos ortotipográficos (actualizaciones de carácter divulgativo de un clásico, o versiones estrictamente fieles a la edición original de referencia).

Este servicio de ediciones a la carta le permitirá, si usted se dedica a la enseñanza, tener una forma de hacer pública su interpretación de un texto y, sobre una versión digitalizada «base», usted podrá introducir interpretaciones del texto fuente. Es un tópico que los profesores denuncien en clase los desmanes de una edición, o vayan comentando errores de interpretación de un texto y esta es una solución útil a esa necesidad del mundo académico.

Asimismo publicamos de manera sistemática, en un mismo catálogo, tesis doctorales y actas de congresos académicos, que son distribuidas a través de nuestra Web.

El servicio de «libros a la carta» funciona de dos formas.

1. Tenemos un fondo de libros digitalizados que usted puede personalizar en tiradas de al menos cinco ejemplares. Estas personalizaciones pueden ser de todo tipo: añadir notas de clase para uso de un grupo de estudiantes, introducir logos corporativos para uso con fines de marketing empresarial, etc. etc.

2. Buscamos libros descatalogados de otras editoriales y los reeditamos en tiradas cortas a petición de un cliente.

www.ingramcontent.com/pod-product-compliance
Lightning Source LLC
Chambersburg PA
CBHW051730040426

42447CB00008B/1063